Dr. Gustavo Eduardo D'Elía

COMO HACER INDICADORES DE CALIDAD Y PRODUCTIVIDAD EN LA EMPRESA

1ra. Edición

2001

LIBRERIA Y EDITORIAL ALSINA

PARANA 137 - BUENOS AIRES - ARGENTINA
TEL.(54)(011)4373-2942 Y TELEFAX (54)(011)4371-9309

Para contactarse con el autor, hágalo por e-mail al:

mdconsultores@infovía.com.ar

o visite su página:

http://www.adluminare.com

D'Elía, Gustavo
    Cómo hacer indicadores de calidad y productividad en la empresa. -
1a ed. 1a reimp. - Buenos Aires : Librería y Editorial Alsina, 2007.
    64 p. ; 18x13 cm. (Management para el año 2000; 1)
    ISBN 978-950-553-059-5
    1. Administración de Empresas. 2. Marketing. I. Título
    CDD 658.83
Fecha de catalogación: 27/02/2007

I.S.B.N. 978-950-553-059-5

A mis padres,
por la formación moral que siempre me dieron
y a mi señora Mónica y mi hija Magalí,
quienes son la fuente de energía que me preparan
para el nuevo siglo.

Librería y Editorial Alsina pretende con esta serie de libros de rápida lectura, mantener al Gerente actual preparado para el año 2000, y al alumno capacitarlo para el gran desafío del nuevo siglo.

Estamos seguros que los diversos tratados que incluyen *CALIDAD, PRODUCTIVIDAD, LOGISTICA, SALUD, ETICA, SISTEMAS,* y otros temas que se irán incorporando, serán de suma utilidad para mantener informado al lector en las últimas disciplinas empresariales.

Los autores son profesores nacionales e internacionales con un marcado y profundo esquema de investigación y puesta en práctica de los temas desarrollados. La idea es combinar lo académico con la capacitación y su puesta en marcha en el nuevo esquema de empresa que el milenio por venir nos exige.

Antiguamente, se formaban profesionales académicamente, y no con una aplicación práctica en la empresa. Para que ello no ocurra más, formemos a partir de hoy nuevas mentalidades de trabajo, para lo cual, nuestro aporte es esta novedosa serie editorial denominada *"Management para el año 2000"* que, modestamente, pretende marcar una huella en la capacitación y perfeccionamiento para los nuevos tiempos que se avecinan.

La Editorial

INDICE GENERAL

CAPÍTULO 1

INDICADORES DE CALIDAD Y PRODUCTIVIDAD

Introducción, 8; Medición y Conocimiento, 8; Participación y Medición, 10; Crisis y Mediación, 10; Teoría y Medición, 11; De lo intangible a lo tangible..., 11; Las mediciones indirectas y los instrumentos propios, 12; Característica Real vs. Sustituta, 13; Medición y Clima Organizacional, 13; Atributos de una buena medición, 14.

CAPÍTULO 2

¿QUE MEDIR EN LA EMPRESA?

Introducción, 19; Calidad y Productividad, definiciones y relación con otros criterios de desempeño, 19; Calidad: adecuación al uso satisfacción del cliente, 19; Productividad: Facultad de producir, 19; Las seis letras claves, 19; Eficiencia, Efectividad y Eficacia, 20; Indicadores de Gestión: Base de la medición, 21; ¿Qué es un indicador de Gestión?, 21; Definición de un indicador, 22; Objetivo de un indicador, 23; Niveles de Referencia de un indicador, 23; Nivel Histórico, 23; El estándar, 24; Nivel Teórico, 25; Nivel de Requerimientos de los usuarios, 25; Nivel de Competencia, 26; Nivel de consideración política, 26; Nivel Planificado, 27; Uso de Técnicas de consenso, 27; Responsabilidad, 27; Puntos de lectura e instrumentos, 28; Periodicidad, 29; Sistema de información y toma de decisiones, 29; Consideraciones de gestión, 29.

CAPÍTULO 3

INDICADORES DE UNA UNIDAD DE GESTIÓN

Introducción, 31; Indicadores claves para gerenciar la calidad y productivi-

dad en la unidad, 31; La satisfacción del cliente, 33; Comentarios y Observaciones, 35; Efectividad en cumplimiento de compromisos, 36; Efectividad en cumplimiento de cantidad, 36; Consideraciones y Observaciones, 37; Efectividad en compromisos de calidad (concordancia), 38; Consideraciones u Observaciones, 39; Efectividad en la entrega (concordancia con el compromiso de despacho), 40; Consideraciones u Observaciones, 41; Eficiencia en el uso de recursos, 41; Los requqerimientos unitarios de insumos, 42; Comentarios u Observaciones, 42; Fuentes de desperdicios que afectan los R.U.I., 43; El retrabajo, 44; Consideraciones y Observaciones, 44; Inventarios de productos en proceso, 45; Comentarios y Observaciones, 46; Ratio de Operaciones, 46; Comentarios, 48; Demoras, 48.

CAPÍTULO 4
INDICADORES POR UNIDAD FUNCIONAL

Introducción, 50; Estructura organizativa y áreas funcionales, 50; Mercadeo: Propósito y productos principales, 52; Indicadores de gestión: de Eficacia, 52; de Efectividad, 52; de Eficiencia, 53; Investigación y Desarrollo: propósito y productos principales, 53; Indicadores de Gestión, 53 Propósito y Productos principales, 55; Indicadores de Gestión, 56; Ventas: Propósitos y Productos principales, 56; Indicadores de Gestión, 57; Propósito y Productos principales, 58; Indicadores de Gestión, 59; Mantenimiento: Propósito y Productos Principales, 60; Administración y Finanzas: Propósitos y Productos principales, 61; Indicadores de Gestión, 62; Recursos Humanos: Propósito y Productos principales, 63; Indicadores de Gestión, 63.

Dr. Gustavo Eduardo D' Elia Ph. D.

El Dr. Gustavo E. D'Elia es Profesor Titular de Calidad, Productividad y Logistica en distintas Universidades Nacionales y Extranjeras representante en Argentina del FIM Productividad de Venezuela y miembro del Instituto Interamericano de Estadistica (OEA).

Ha escrito innumerables articulos para publicaciones nacionales e internacionales sobre temas de Calidad, Estadistica, Productividad y Sistemas.

En 1995 participó en el diseño de un sistema de indicadores de productividad sectorial y en la empresa como guia para el ajuste de remuneraciones en las empresas manufactureras (BID).

CAPÍTULO 1

INDICADORES DE CALIDAD Y PRODUCTIVIDAD

«El mucho calcular acarrea el triunfo,
El poco calcular: la derrota,
¡Y cuánto peor; la derrota sin cálculo alguno!».
Sun Tzu
Gran estratega militar chino del siglo V (a.n.E.)

◇ *INTRODUCCIÓN*

La medición en la empresa está llena de malos entendidos, confusiones y hasta de obstáculos puestos por elementos altamente interesados en hacerlo.

Por ello hemos considerado conveniente traer a colación en este capítulo los siguientes temas de discusión sobre la medición.

¿Qué es y cuál es su importancia?
¿Qué implicaciones tiene la medición en la gerencia del mejoramiento continuo?
¿Qué confusiones deben ser superadas para hacer de la medición un instrumento valioso de la gerencia?
¿Cuáles son los atributos de una buena medición?

La comprensión y, más allá, el acuerdo logrado entre los diferentes agentes que intervienen en la empresa sobre los temas señalados, es un aspecto clave para desarrollar un proceso de mejoramiento en la misma con sólidas y rigurosas bases. Por supuesto, la mera discusión de dichos temas no resolverá todo, sino que será necesario practicar y ejecutar la medición y volver en cada ciclo a ponerlos en discusión, para comprenderlos más a fondo y para reforzar en la organización la cultura de medir.

◇ *MEDICIÓN Y CONOCIMIENTO*

La medición es «*la acción y efecto de medir*» y medir es «*Determinar una cantidad comparándola con otra. Proporcionar y comparar una cosa con otra*» pero, ¿por qué es importante preocuparse por medir la productividad y la calidad en la empresa?

Esta pregunta la pudiésemos responder enumerando algunas situaciones:

◇ *La medición nos permite planificar con mayor certeza y confiabilidad.*
◇ *La medición nos permite discernir con mayor precisión las oportunidades de mejora de un proceso dado.*
◇ *La medición nos permite analizar y explicar cómo han sucedido los hechos.*

Podríamos seguir enumerando razones. Sin embargo, el argumento más importante y que incluye a los anteriores, es que la medición de la calidad y la productividad es necesaria e indispensable para conocer a fondo los procesos ya sean administrativos o técnicos, de producción o de apoyo que se dan en la empresa y para gerenciar su mejoramiento acorde con la exigente competencia actual.

El conocimiento profundo de un proceso, parte de admitir y conocer su variabilidad y sus causas y las mismas son imposibles de conocer sin medición.

Conocer esto es precisamente la clave para gerenciar el proceso, para conquistar los objetivos de excelencia que nos planteamos.

Conocer un proceso no es hacer «*un estudio alguna vez*», sino que se trata de una actitud permanente de observación y estudio para aprender las tendencias del proceso, sus condiciones, potencialidades, limitaciones y sus causas.

Muchas veces se interpreta que la medición sólo es útil para conocer las tendencias «promedios», olvidando que éstas son útiles dependiendo de cómo sean presentadas o procesadas y que cuando dirigimos procesos dentro de las empresas (y queremos hacerlo a los niveles de la excelencia que nos está exigiendo la competencia en la actualidad) no nos basta saber sólo las tendencias «promedios» sino que debemos ir más allá, conociendo con precisión la variabilidad en toda su gama y la interconexión de factores y causas en cada nueva situación. Situaciones y relaciones que también se expresan a través del «lenguaje» de la medición. Incluso, hay quienes olvidan que cuando decimos: esto mide tanto», dicha afirmación, sólo puede ser entendida en su marco de variabilidad, es decir, como algo poco variable, muy preciso, pero variable al fin. A este respecto vale la pena citar a C.G. Jung.

Está muy bien decir que el cristal de cuarzo es un prisma hexagonal. La afirmación es correcta en la medida en que se tenga en cuenta un cristal ideal. Sin embargo, en la naturaleza no se encuentran dos cristales exactamente iguales, pese a que todos son inequívocamente hexagonales.

Sin medición no podremos adelantar con rigurosidad y sistemáticamente las actividades del proceso de mejoramiento: evaluar, planificar, diseñar, prevenir, corregir y mantener, innovar, etc.

Medir adecuadamente es el medio o instrumento para gerenciar sobre la base de datos, para desterrar el «*yo creo*», «*me parece*», «*yo pienso*», dejando tales opiniones subjetivas para aquellos asuntos para los cuales no se hayan desarrollado (o puedan desarrollarse) medios cuantificables para medirlos y verificarlos a través de datos.

◇ *PARTICIPACIÓN Y MEDICIÓN*

La gerencia sobre la base de datos, es a su vez una clave para la gerencia participativa, ya que se eliminan muchas discusiones estériles, facilitando la observación común de todos y los aportes enriquecidos que surgen de interpretar una realidad específica correctamente desde diversas posiciones o puntos de vista. Nadie pone en discusión la dimensión de algo cuando ésta ha sido establecida a través del uso de una cinta métrica, o su temperatura, si se ha utilizado un termómetro.

Por otra parte, desde el mismo ángulo de la participación, no obstante parecer obvia la necesidad de medir, hay mucha resistencia a la misma, incluso, en la propia gerencia. Algunos manifiestan que lo importante es hacer las cosas bien, con calidad, mejorar siempre y por tanto la medición es innecesaria; sin embargo, pronto o tarde caen en cuenta que no se pueden desarrollar las mejoras si no tenemos claro cómo medir lo que vamos a mejorar. Dicha resistencia tiene raíces en la gerencia, en primer lugar, por no haber dotado al personal de habilidades para medir, establecer y calcular indicadores válidos representativos del proceso o trabajo en el cual intervienen o realizan; y, en segundo lugar, por el mal uso que ha tenido la medición en el pasado: el de buscar culpables.

Sin la superación de estas dos debilidades la participación real y efectiva no dejará de ser un buen deseo.

◇ *CRISIS Y MEDICIÓN*

Una correcta comprensión y desarrollo de la medición es fundamental para superar la gerencia por situaciones o crisis, ese estilo de gerencia que entroniza el "*por hacer lo urgente, dejamos de hacer lo importante*»; donde se vive una permanente sensación de estar sobre problemas que se plantean una y otra vez, el estar dando vueltas siempre alrededor de un punto, sin avanzar, sin superarlo. Bajo este estilo gerencial los compromisos con el cliente se convierten en un «*cuando se pueda*». «*El mantenimiento es sólo para las emergencias*», «*se compra sólo lo urgente*», «*la calidad sólo son reclamos*».

Un estilo con el que se flota, pero a la deriva.

En palabras de S. Nagashima esta gerencia por situaciones se «*asemeja a la de un jugador de ajedrez a quien lo tienen constantemente en jaque, en cada movimiento. Al final, no hay escape*».

Cuando nos encontramos con este estilo gerencial hemos observado una fuerte correlación con la falta de medición o al menos de una adecuada medición para gerenciar.

Por supuesto que ambas cosas se refuerzan, la urgencia y la permanente situación de «*apaga fuegos*» dejan poco tiempo para medir y diseñar sistemas de medición, lo que a su vez facilita y refuerza también los procesos sin control y por tanto propensos a caer en crisis.

◇ *TEORÍA Y MEDICIÓN*

La medición no puede entenderse sólo como un proceso de recoger datos, sino que debe insertarse adecuadamente en el sistema de toma de decisiones.

Por ello, debemos resaltar lo que varios autores siempre han destacado: para entender un fenómeno es necesario tener una teoría que nos ayude a explicarnos la concatenación y sucesión de los hechos que queremos estudiar. Los datos nos ayudarán a confirmar o a replantearnos nuestra teoría, pero siempre debemos contar con un marco teórico que nos posibilite caracterizar los datos que necesitamos y además nos ayude a interpretarlos.

Se pueden tener muchos datos, sobre las causas de un efecto, pero si no se tiende a clasificarlos, estudiar su frecuencia, aislar los principales y establecer sus relaciones, con la finalidad, ya sea de poner bajo control el proceso o de mejorar su desempeño, de poco servirán dichos datos y la medición.

Tendremos algo así como una fotografía de la situación (visión estática) más no del "*por qué de la misma y de su tendencia*".

Por ello gerenciar sin teoría es como capitanear un barco con brújula, pero donde no está claro el rumbo y/o no se posee el suficiente conocimiento de cómo usar la fuerza propulsora para enrumbarlo.

◇ *DE LO INTANGIBLE A LO TANGIBLE*

Muy poco es intangible

> *"Medir es fácil en Producción, pero en mi departamento no es aplicable",*
> *"lo que nosotros vendemos es intangible, no se puede medir"*

Cuántas veces nos hemos encontrado con expresiones como éstas, que se constituyen en importantes barreras, sin cuya superación no podemos abrirle paso a la mejora sistemática de la Calidad y la Productividad.

En el fondo de estas afirmaciones, existen algunos malos entendidos que deben aclararse. La mayor confusión es relacionar lo intangible con cosas o manifestaciones perfectamente mensurables, pero para lo cual no hemos desarrollado o no conocemos el instrumento, o indicador adecuado. La palabra tangible tal cual como la define el diccionario de la Real Academia y el Diccionario Larousse significa, «que puede tocarse, sensible, que se percibe en forma precisa» lo cual no implica que para todo lo tangible tengamos instrumentos desarrollados para contarlo o medirlo.

El malestar de un cliente es algo que sentimos, percibimos con precisión, mas a veces, no lo cuantificamos para compararlo con referencias preestablecidas, tarea ésta que nos toca abordar dependiendo de la importancia del asunto a gerenciar.

El que algo no se haya medido hasta el presente, no implica que no deba y no pueda medirse. Pero más aún, ¿quién dice que haya sido más fácil el proceso para llegar a medir longitud, superficie, volumen, peso o temperatura, que medir sabores, buena atención, retrasos en trámites o documentos con errores? La diferencia estriba solamente en que para el primer grupo de características mencionado, ya existe todo un cuerpo de definiciones operativas desarrolladas durante siglos (ver por ejemplo, lo que es un metro, o un metro cúbico, o un grado centígrado) y tienen instrumentos de medición reconocidos universalmente, ejemplos: cintas métricas, termómetros, etc. Para el segundo grupo de características mencionadas casi siempre hay que comenzar por elaborar dichas definiciones operativas ¿qué es un retraso?, ¿Qué es un error?, ¿Qué es buen sabor?, ¿Se siente bien atendido?, para luego pasar al segundo momento de definir el instrumento y el procedimiento de medición, aspectos que en muchos casos serán de validez particular para la empresa o unidad que los desarrolla.

◇ *LAS MEDICIONES INDIRECTAS Y LOS INSTRUMENTOS PROPIOS*

Otra confusión es que lo intangible es inmedible directamente y que cualquier medición indirecta es poco confiable.

¿La fiebre del cuerpo humano es tangible? Cuándo decimos Pedro tiene 39°C, ¿acaso no estamos midiendo? Sin embargo, cuando medimos la fiebre, lo que realmente hacemos es medir el cambio de volumen que experimenta una columna de mercurio, y ello nos da una expresión cuantitativa de la temperatura al valernos de una propiedad física del mercurio. Hacemos una medición indirecta y a nadie se le ocurre decir que no estamos midiendo la fiebre o que esta medición no es confiable. Cuando nos referimos a medición no necesariamente nos referimos a escalas universalmente reconocidas para expresar los resultados, como alternativa podemos utilizar indicadores con escalas propias, desarrolladas por nosotros mismos que nos permitan comparaciones históricas las cuales son útiles para conocer grados de avance.

El nivel de satisfacción de los clientes podemos medirlo indirectamente.

Por ejemplo, la opinión respecto al acto de comprar.

◇ *¿Volvería a comprar sin objeciones a menos que conozca de uno superior?*
◇ *¿Antes de comprar otra vez, buscaría alternativas?*
◇ *¿Compraría eventualmente?*
◇ *¿No comprará otra vez, a menos que no tenga alternativa?*

A los anteriores niveles podemos darle un peso que nos permita construir una escala cuantitativa para facilitar su expresión. Cuando construimos escalas e instrumentos propios

debemos: *1) Validar su correlación con el hecho a medir; y*
                2) Mantener la coherencia entre mediciones.

◇ CARACTERÍSTICA REAL VS. SUSTITUTA

Otro aspecto importante a destacar en la controversia entre lo intangible y lo tangible y, muy relacionado con las mediciones indirectas, es la necesidad de tener en cuenta el significado de lo que K. Ishikawa llama característica de calidad real y característica sustituta. La característica de calidad real es la expresión de la necesidad del cliente v.gr. en una hilandería, donde lo que realmente interesa es que el hilo no se rompa e interrumpa el proceso de tejido. Sin embargo para lograrlo, en la fábrica se controlan las características de calidad sustitutas, que en este caso podrán estar referidas a la resistencia a la tensión. El nivel de tensión que le da el fabricante puede estar referido a una norma nacional o internacional, pero ello no debe obviar que el problema de calidad realmente a resolver es que el hilo no se rompa en la hilandería. Cuando se mide, en muchos casos, lo hacemos usando características sustitutas, lo que no debe obstar para que síempre estemos pendientes de chequear su relación con la característica de calidad real que pauta las necesidades de uso del usuario o cliente.

En conclusión, no son válidas las afirmaciones de imposibilidad de medición de la mayoría de los denominados «*Productos Intangibles*». Un buen servicio en un restaurant es tan tangible como el número de toneladas de una colada. Además, no debemos olvidar que los problemas referidos a la precisión de la medida está en función del tipo de decisión que vayamos a tomar, y, es obvio que una rectificación de servicios es diferente al control del rendimiento metálico. Es en el marco específico de cada caso, que debemos resolver el problema de la medición.

◇ MEDICIÓN Y CLIMA ORGANIZACIONAL

¿Cómo se entiende la medición en la empresa?, ¿Un señalamiento de oportunidades o una búsqueda de indicios irrefutables (pruebas) para establecer culpabilidades a la hora de que algo negativo suceda? En otras palabras, ¿qué queremos: gerencia y control o fiscalización y penalización?

Con esas preguntas queremos poner de relieve la necesidad de clarificar adecuadamente el ¿para qué medir? Obviar esta reflexión nos puede llevar a fracasos en los intentos de establecer procesos de medición en la empresa.

Ello es así porque el problema de la medición no es meramente un asunto físico, aritmético y/o estadístico, sino que, por el contrario, tiene una profunda dimensión organizacional. Un mismo sistema de medición implantado en dos empresas similares, puede tener resultados diametralmente opuestos. En una de ellas el sistema de medición funcionará de acuerdo a las pautas del diseño, ya que el objetivo que impera en la empresa es gerenciar y controlar para mejorar; mientras que en el otro caso, los resultados serán completamente un fracaso, ya sea por la imprecisión de los datos recogidos, por las demoras en la recolección y ulterior procesamiento, o sencillamente porque los resultados aportados para la medición sean ignorados, haciendo inútil el esfuerzo invertido. Resultados éstos, constatables en empresas que se interesan en medir para reforzar un clima de verificación y fiscalización a los diferentes niveles. En consecuencia, para garantizar la confiabilidad de los resultados de un sistema de medición es fundamental contar con un clima organizacional sano, donde los intereses comunes de la organización prevalezcan sobre los de los departamentos y mucho más sobre aquellos intereses individuales incompatibles con el logro de los objetivos del sistema analizado.

En esa perspectiva, debe buscarse que el análisis de las mediciones sobre calidad y productividad tiendan a identificar responsabilidades de mejora y no a establecer culpables. Por responsable entendemos aquel que puede y debe tomar las decisiones pertinentes para la mejora en el momento oportuno. Establecer este clima, es una de las tareas fundamentales de la alta gerencia, quien debe propender a despejar las dudas que atentan contra ese clima de confianza.

Finalmente, debemos insistir en que nos interesa la medición como un aspecto de los procesos de toma de decisiones a los diferentes niveles, y vista la dimensión organizacional de las mediciones es importante desarrollar las mismas de la manera más participativa posible.

Esto coadyuvará a lograr el clima de confianza y aceptación en que deben desenvolverse las mediciones, así como a mejorar los niveles de involucramiento de todo el grupo de trabajo, en las etapas ulteriores de análisis y mejoramiento de las áreas de oportunidad detectadas.

◇ *ATRIBUTOS DE UNA BUENA MEDICIÓN*

Hemos señalado que nos interesa una medición transparente y entendible para quienes deberán hacer uso de ella, y adicionalmente deberá reunir y tener una serie de atributos indispensables. Las características o atributos de una buena medición son:

a) Pertinencia; b) Precisión; c) Oportunidad; d) Confiabilidad; e) Economía.

-A- *PERTINENCIA:*

Con ello queremos referirnos, a que las mediciones que hagamos deben ser tomadas en cuenta y tener importancia en las decisiones que se toman sobre la base de las mismas.

En cualquier departamento o sección de la empresa pueden hacer mediciones sobre un sin número de características, comportamientos, situaciones pero ¿para qué hacemos cada una de esas cosas? ¿Cuál es realmente la utilización que hacemos de la información obtenida?

El grado de pertinencia de una medición debe revisarse periódicamente ya que algo que sea muy importante en un momento determinado, puede dejar de serlo al transcurrir el tiempo. Es de resaltar, además, que el grado de pertinencia de una medición, es relativa al conjunto de mediciones a realizar, debido a los recursos y capacidades de procesamiento y dirección que tengamos. Por demás, no todas las variables a medir requieren el mismo grado de atención en cada momento.

A medida que colocamos un sistema bajo control, podemos gerenciar por excepción un conjunto de variables y ello nos ayuda a concentrarnos en otras que requieran mayor dedicación.

-B- PRECISIÓN:

Con este término nos referimos al grado en que la medida obtenida refleja fielmente la magnitud del hecho que queremos analizar o corroborar.

A nosotros nos interesa conocer un proceso, tomar decisiones para obtener los resultados esperados. De ahí entonces que nos interese conocer a fondo la precisión del dato que estamos obteniendo. En otras palabras, nos interesa conocer el grado de distorsión de la medida obtenida, y claro está, que este grado permanezca por debajo de los límites de aceptación a la decisión que vayamos a tomar. A esto se refiere W.E. Deming cuando habla de «valor exacto, no verdadero».

Para lograr la precisión de una medición, deben darse los siguientes pasos:

a) *Realizar una buena definición operativa, vale decir, definición de la característica, de las unidades de la escala de medición, número y selección de las muestras, cálculo de las estimaciones, errores permisibles (tolerancias de la medición), etc.*

b) *Elegir un instrumento de medición con el nivel de apreciación adecuado, por ejemplo, para medir tolerancias de décimas de milímetros, no sirve una regla normal, necesitamos un vernier o calibrador, cuyo error en la lectura está en centésimas. La Norma de Evaluación de Empresas 1980-89 -Capacidad para mejorar la Productividad- cuenta con una precisión que varía entre un 5 y un 10%. Esto significa que si dos evaluadores distintos hacen una aplicación a una empresa determinada, su puntuación puede variar en ese rango. Este margen de error se consideró aceptable para el tipo de decisión que se toma con dicho instrumento de diagnóstico.*

c) *Asegurar que el dato dado por el instrumento de medición, sea bien recogido por el operador, gerente, oficinista o inspector encargado de hacerlo.*

Ello supone adiestrar al personal, pero, también supone tener un buen clima organizacional donde todos estén interesados en la fidelidad de la lectura.

Estos tres pasos para obtener una lectura precisa, parecieran estar circunscritos sólo a las áreas operativas de planta, en la cual sería «más fácil», al decir de algunos, pero no es así, piénsese lo complicado que sería el siglo pasado saber la composición química de un acero a fin de determinar su fragilidad. Para ello, hubo de desarrollarse un aparato especial: el espectrógrafo atómico.

También, para conocer la satisfacción de los clientes ante un diseño, ante un envase, o ante la atención recibida, es necesario contar con medidas precisas, y para ello deberemos implantar el mismo procedimiento descrito, aunque en vez de kilogramos y balanzas, nos refiramos a lapsos de espera, y hojas de rutas, o, a niveles de satisfacción y a encuestas como instrumento de medición.

-C- OPORTUNIDAD:

La medición es información para el logro de ese conocimiento profundo de los procesos, que nos permita tomar las decisiones más adecuadas, bien sea para corregir restableciendo la estabilidad deseada del sistema, bien sea para prevenir y tomar decisiones antes que se produzca la anormalidad indeseada o más aún, para diseñar incorporando elementos que impidan que las características deseadas se salgan fuera de los límites de tolerancia.

Por ello, la necesidad de contar oportunamente con la información procesada de la manera más adecuada que nos dan las mediciones, es un requisito al que deben atenerse quienes diseñan un sistema de medición.

Errores en este sentido, hemos visto tanto en planta, como en oficina.

En la primera podemos mencionar la toma de muestras para saber si se ha logrado la composición química de una colada, o el contenido proteico de unos alimentos que por lo engorroso de los procedimientos de análisis y/o la inexperiencia del personal, y/o la inadecuación de medios de trabajo e incluso distancias físicas a recorrer, la información solamente sirve de manera Post Mortem, para saber si el lote estaba bueno o no, en lugar de servir para indicar acciones que aseguren la composición química o el contenido proteico deseado.

En el caso de oficinas, hemos visto diseños de encuestas tan engorrosas, que su llenado resulta dificultoso y su procesamiento ulterior imposible.

Al final se toman las decisiones por "*lo que yo creo*" y no por lo que nos informe la medición.

-D- CONFIABILIDAD:

Si bien esta característica no está desvinculada de las anteriores, especialmente de la precisión, se refiere fundamentalmente al hecho de que la medición en la empresa no es un acto que se haga una sola vez; por el contrario, es un acto repetitivo y de naturaleza generalmente periódica. Si nosotros queremos estar seguros que lo que midamos sea la base adecuada para las decisiones que tomamos, debemos revisar periódicamente todo el sistema de medición.

Para ello, debemos empezar por revisar la calibración de los instrumentos, es decir, validar la calidad de la medida que nos están dando. Esta calibración en algunos casos necesitará de aferición o contraste con un patrón que en el caso de las características físicas, debe contarse con la aprobación del Sistema Nacional de Metrología Legal (SNML). Este proceso de calibración y aferición es muy importante porque los instrumentos tienden a desajustarse o a desgastarse con el uso y el tiempo, repercutiendo en los márgenes de error. En el caso de las encuestas y otros instrumentos similares, también es necesario revisarlos periódicamente a fin de asegurar la lectura ajustada de los hechos que queremos apreciar.

Finalmente, la auditoría general del sistema nos permitirá detectar cualquier posibilidad de distorsión posterior, por mal entendido o por error en el procesamiento de los datos que medimos.

Una auditoría periódica nos puede llevar a replantearnos la importancia de la característica o problemas que queremos medir (¿para qué medimos?) o a introducir precisiones en las definiciones operativas (tolerancias, toma de muestras, frecuencia, etc.), o a detectar deformaciones en la lectura de los instrumentos, que amerite actualizar el entrenamiento de quienes están involucrados en la medición y ulterior procesamiento de los datos.

-E- ECONOMÍA:

Aquí la justificación económica es sencilla y compleja a la vez. Sencilla, porque nos referimos a la proporcionalidad que debe existir entre los costos incurridos en la medición de una característica o hecho determinado, y los beneficios y relevancia de la decisión que soportamos con los datos obtenidos.

Pero cuantificar esa proporcionalidad no es fácil en muchos casos, por lo complejo de cuantificar importancia y relevancia de decisiones que en un momento dado sólo se soportan en directrices políticas y no meramente económicas v.gr. llevar la contaminación a nivel cero.

En todo caso, es claro que la actividad de medición debe ajustarse también a los criterios de Calidad y Productividad, de tal manera que es fundamental adoptar los nuevos enfoques que propugnan que el propio operario tenga la capacidad y habilidad para realizar la medición. De esta manera se disminuyen los costos de medición y se agiliza la toma de decisiones, ya que el feed back es inmediato.

◇ *INTRODUCCIÓN*

La medición de la calidad y la productividad ha sido objeto de innumerables ponencias, documentos, investigaciones, libros, etc., y ha cobrado relevancia en la medida que tales conceptos se develan como factores claves de la competitividad de las empresas. Sin embargo, no obstante su amplio tratamiento debido a la existencia aún de grandes confusiones, de enfrentamientos conceptuales y hasta diferencias semánticas, han considerado pertinente introducir en este capítulo algunas aclaratorias conceptuales sobre a qué nos referimos cuando hablamos de medición de la calidad y productividad en la empresa y cuál es su relación con otros criterios de evaluación del desempeño tales como eficacia, efectividad, eficiencia.

Concluiremos apuntando algunas consideraciones para precisar la definición de Indicadores deGestión y las condiciones que deben reunirse para su adecuado uso.

◇ *CALIDAD Y PRODUCTIVIDAD:*
Definiciones y relación con otros criterios de desempeño

◦ *Calidad: adecuación del uso satisfacción del cliente*

La calidad es una noción que da cuenta de las cualidades y características del servicio que presta una empresa o sistema. Las definiciones más importantes y completas y las cuales compartimos son:

◇ *Calidad es adecuación al uso.*
◇ *Calidad es el grado en que satisfacemos las expectativas de los clientes.*

Otras definiciones de calidad: cumplir requisitos, hacerlo bien desde la primera vez, conformidad con especificaciones, etc., nos vinculan más a aspectos parciales de la misma o a lo que debemos hacer para mejorar. La noción de calidad está más enfocada a evaluar el producto o servicio del sistema y de sus partes y en qué medida se adecúa o satisface lo que se espera (el cliente) de él. Conceptos como Control de Calidad o Control Total de Calidad nos refieren más a qué hacer para lograr productos y servicios de calidad (adecuados al uso y que satisfagan al cliente) y es necesario decirlo, es donde los japoneses hacen énfasis.

Estos, no obstante ser líderes mundiales en el manejo del concepto y la forma de mejorarlo (Control Total de Calidad) no pierden esfuerzos en las discusiones típicas occidentales sobre qué es calidad y si ésta va o no primero que productividad, eficiencia, costo, etc.

◊ *Productividad: facultad de producir*

La productividad es un concepto que en sentido restringido se le ha vinculado a expresiones matemáticas producto/insumos y a su operacionalización cuantitativa y, por esta vía, se ve mal interpretada y disminuida su importancia.

Las definiciones de productividad más completas y que igualmente compartimos son las siguientes:

◊ *Facultad de producir.*

◊ *Calidad de lo que es productivo.*

◊ *Aprovechamiento productivo de la naturaleza para reproducir y mejorar la raza humana.*

En tal sentido, la productividad evalúa la capacidad del sistema para elaborar los productos que son requeridos (que se adecúan al uso) y a la vez del grado en que aprovechan los recursos utilizados, es decir el Valor Agregado, el cual tiene dos vertientes para su incremento:

1) Producir lo que el mercado (clientes) valora; y
2) hacerlo con el menor consumo de recursos.

Como puede observarse la noción de Productividad podría decirse que incluye la de Calidad, sin embargo, prescindiendo de fanatismos estériles diremos que ambas nociones convergen cuando son debidamente tratadas, calidad como expresión de factores que van más allá del producto en sí mismo (incluyendo el servicio y los procesos que lo hacían posible) y productividad como resumen de las dos vertientes arriba anotadas.

◊ *LAS SEIS LETRAS CLAVES*

En el ámbito específico y operacional en la empresa serán de interés desde el punto de vista de calidad y productividad los siguientes aspectos:

◊ *Cantidad de productos y/o servicios entregados o prestados.* Es decir, la producción necesaria de forma que se satisfagan los requerimientos cuantitativos del mercado (cliente) y los niveles óptimos de operación del sistema.

◊ *Calidad del producto (sentido restringido).* Es decir las especificaciones técnicas que aseguran la adecuación al uso, tanto en términos de calidad de diseño y calidad de concordancia o conformidad.

◊ *Oportunidad en la entrega.* Incluyendo tanto el período con que debe anticipar el cliente su pedido como la concordancia con el momento comprometido.

○ *Costos en los productos o servicios*. Es decir el gasto en recursos (materiales, financieros, humanos, etc.) que realizamos para elaborar los productos o servicios. Este costo tiene dos factores: el precio a que compramos o pagamos los insumos y la capacidad que tenemos para aprovecharlos.

○ *Seguridad del sistema*. Como expresión del grado en que se garantiza la integridad, capacidad y disponibilidad de los componentes del sistema y especialmente del recurso humano.

○ *Moral*. Como elemento clave y que además determina los anteriores aspectos de la calidad y productividad del sistema; debemos velar por el mejoramiento permanente de la motivación y actitud de la gente hacia el servicio y el trabajo.

◇ *EFICIENCIA, EFECTIVIDAD Y EFICACIA*

Existen tres criterios comúnmente utilizados en la evaluación del desempeño de un sistema, los cuales están muy relacionados con la calidad y la productividad: *eficiencia, efectividad* y *eficacia*. Sin embargo, a veces, se les mal interpreta, mal utiliza o se consideran sinónimos: debido a ello, creemos conveniente puntualizar aquí tanto las definiciones de los mismos como su relación con calidad y productividad. La eficiencia. Se le utiliza para dar cuenta del uso de los recursos o cumplimiento de actividades con dos acepciones: la primera, como relación entre la cantidad de recursos utilizados y la cantidad de recursos que se había estimado o programado utilizar; la segunda, como grado en el que se aprovechan los recursos utilizados transformándolos en productos. Como puede observarse, ambas definiciones están muy vinculadas a una vertiente de la productividad, la del uso de recursos, sin embargo, como se ha dicho anteriormente, no da cuenta tanto de la cantidad como de la calidad del producto o servicio, por lo que expresa sólo parte del significado de la productividad.

La exageración de la importancia de la eficiencia nos lleva a poner más énfasis en la administración de recursos (hacia adentro) descuidando el cumplimiento de objetivos, de los resultados de la calidad y la productividad. Estos son los llamados estilos eficientistas: cumplimiento de presupuesto de gastos, uso de las horas disponibles, realización de actividades, etc., son expresiones muy comunes características del eficientismo.

No obstante sus limitaciones, el concepto de eficiencia nos lleva a tener siempre presente la idea del costo, a través del uso que hagamos de los recursos.

La efectividad. Es la relación entre los resultados logrados y los resultados que nos habíamos propuesto, y da cuenta del grado de cumplimiento de los objetivos que hemos planificado: cantidades a producir, clientes a tener, órdenes de compra a colocar, etc.

Cuando se considera la efectividad como único criterio se cae en los estilos efectivistas, aquellos donde lo importante es el resultado, no importa a qué costo. La efectividad se vincula con la productividad a través de impactar en el logro de mayores y mejores productos (según el objetivo), sin embargo, adolece de la noción de uso de recursos.

La eficacia. Valora el impacto de lo que hacemos, del producto o servicio que prestamos. No basta con producir con 100% de efectividad el servicio o producto que nos fijamos, tanto en cantidad y calidad, sino que es necesario que el mismo sea el adecuado, aquel que logrará realmente satisfacer al cliente o impactar en nuestro mercado. Como puede deducirse la eficacia es un criterio muy relacionado con lo que hemos definido como calidad (adecuación al uso, satisfacción del cliente), sin embargo, considerando a ésta última en sentido amplio (calidad de procesos, sistemas, recursos), la eficacia debe ser utilizada en conjunción con los doscriterios anteriores.

◇ *Indicadores de Gestión; Base de la Medición*

Para medir el desempeño de una empresa o unidad ya sea en calidad, productividad, costo, seguridad, etc., necesitamos tener indicadores.

El estar claro y manejar los conceptos y criterios presentados en el punto anterior no es suficiente. En la práctica normalmente se cometen muchos errores, o existe un sinnúmero de deficiencias en el uso de indicadores que den cuenta de dichos conceptos, deficiencias que son producto de la falta de rigurosidad en el tratamiento que damos al tema.

Por ello nos proponemos en los próximos puntos precisar las condiciones necesarias para construir indicadores útiles para el mejoramiento del desempeño y su uso adecuado.

Comenzando con la propia definición de lo que entendemos por Indicador de Gestión, pasaremos luego a describir dichas condiciones de construcción y uso.

◇ *¿Qué es un indicador de gestión?*

El diccionario Larousse define indicador como «*Que indica o sirve para indicar*» si a ésta agregamos el calificativo de «*gestión*» que es: «*La acción y efecto de administrar una empresa*», tendremos una definición conceptual bastante completa y fácil de entender: sin embargo, conviene operacionalizarla.para poder trabajar con ella; en tal sentido diremos que un indicador de gestión es la expresión cuantitativa del comportamiento o desempeño de una empresa o departamento, cuya magnitud, al ser comparada con algún nivel de referencia, nos podrá estar señalando una desviación sobre la cual se tomarán acciones correctivas o preventivas según el caso.

Los indicadores de gestión son diferentes a los parámetros físicos o químicos de carácter técnico bajo los cuales opera un sistema, tales como temperatura de una colada, voltaje de la electricidad transmitida, pH de un curtido de tela, etc.

Los indicadores de gestión son expresiones cuantitativas que nos permiten analizar cuan bien se está administrando la empresa o unidad, en áreas como uso de recursos (eficiencia), cumplimiento del programa (efectividad), errores de documentos (calidad), etc.

Para trabajar con los indicadores, debemos establecer todo un sistema que vaya desde la correcta aprehensión del hecho o característica hasta la toma de decisiones acertadas para mantener; mejorar e innovar el proceso del cual dan cuenta.

Por ello en la construcción de indicadores de gestión debemos tener en cuenta los elementos siguientes:

- *La definición.*
- *El objetivo.*
- *Los niveles de referencia.*
- *La responsabilidad.*
- *Los puntos de lectura.*
- *La periodicidad.*
- *El sistema de procesamiento y toma de decisiones.*
- *Las consideraciones de gestión.*

Cada vez que tengamos que establecer un indicador nuevo o revisar los existentes, debemos chequear los anteriores elementos para garantizar adecuado uso.

◇ **DEFINICIÓN DE UN INDICADOR**

Es la expresión matemática que cuantifica el estado de la característica o hecho que queremos controlar. La definición debe ser expresada de la manera más específica posible, evitando incluir las causas y soluciones en la relación. La definición debe contemplar sólo la característica o hecho (efecto) que observaremos y mediremos. Podemos medir cantidades físicas, proporciones, lapsos de tiempo, etc.

Algunos ejemplos de definiciones de indicadores serían:

- *Porcentaje de defectos por unidades producidas.*
- *Cantidad de defectuosos/semana.*
- *Número de accidentes/mensuales.*
- *Cantidad de sugerencias/trabajador.*
- *Disponibilidad de la línea de producción.*
- *Porcentaje de cumplimiento del estándar.*
- *Rotación del personal.*
- *Porcentaje de áreas que cumplen el patrón de limpieza.*
- *Número de facturas cobradas antes de los 45 días de vencimiento.*
- *Unidades monetarias facturadas cobradas antes de los 45 días de vencimiento.*
- *Cantidad de informes retrasados.*
- *Errores por informe.*

◇ *OBJETIVO DE UN INDICADOR*

El objetivo debe expresar el ¿para qué? queremos gerenciar el indicador seleccionado. Expresa el lineamiento político, la mejora que se busca y el sentido de esa mejora (maximizar, minimizar, eliminar, etc.).

El objetivo, en consecuencia, permitirá seleccionar y combinar acciones preventivas y correctivas en una sola dirección. Esta combinación dependerá de la magnitud de los problemas y el momento (oportunidad) de intervención.

No es lo mismo atacar un problema de productos (% de defectuosos) al momento de diseñar el producto, que al momento de cumplir la producción del día. El objetivo nos permitirá tener claridad sobre lo que significa mantener un estándar en niveles de excelencia (cero defectos que se convierte en partes por millón, cero accidentes, cero retrasos en las entregas, etc.) y adecuarlo permanentemente ante los diversos cambios, así como proponerse nuevos retos.

◇ *NIVELES DE REFERENCIA DE UN INDICADOR*

Como señalamos al comenzar , el acto de medir se realiza a través de la comparación y ésta no es posible si no contamos con una referencia contra la cual contrastar el valor de un indicador. Esa desviación es la que realmente se nos transforma en el reto a resolver. Más aún, un mismo valor actual de un indicador puede señalar varios tipos de problemas si lo comparamos contra diversos niveles de referencia.

Existen diversos niveles de referencia:

a) Histórico.
c) Teórico.
e) Competencia.
g) Técnicas de consenso.

b) Estándar (medición del trabajo).
d) Requerimiento de los usuarios.
f) Consideración política.
h) Planificado.

A continuación, profundizaremos cada uno de estos patrones o niveles de referencia señalando cómo se determinan, qué nos dicen y qué no nos dicen, así como los errores a evitar.

a) Nivel histórico:

El nivel de referencia histórico se determina a partir del análisis que se haga de la serie de tiempo de un indicador, nos da la manera como ha variado en el tiempo. Con esa información y aplicando las técnicas de análisis y proyección adecuadas, nosotros podemos proyectar y calcular un valor esperado para el período que estamos gerenciando bajo la premisa de que nada cambiará. El valor histórico es clave para presupuestos y programas sobre bases realistas y para ilustrar el logro en la evolución de nuestros resultados.

El valor histórico nos señala la variación de los resultados de la unidad de análisis, su capacidad real, actual y probada. Nos informa acerca de si el proceso está, o ha estado, controlado o no, según la disposición de sus valores. Como tal, cada resultado nos muestra la manera como se han combinado en un período determinado los factores externos e internos, los factores controlables y los no controlables, los circunstanciales, los permanentes, etc.

El valor histórico nos dice qué hemos hecho, pero no nos dice el potencial alcanzable, aunque dependiendo del grado de control, algunos valores nos pueden estar indicando capacidades del sistema, si eliminásemos las llamadas causas especiales.

b) El estándar

El estándar se calcula utilizando las técnicas de estudio de métodos y de medición del trabajo. En general el estándar nos señala el potencial de un sistema determinado, vale decir, unos equipos, insumos y mano de obra dada, con unos métodos de trabajo dados en unas instalaciones dadas, etc. Representa el mejor valor del Status Quo. En tal sentido, representa el valor lograble si hacemos «bien» nuestras tareas.

El estándar no nos dice el comportamiento del sistema en el tiempo, no nos dice mucho acerca de la incidencia de factores externos en coyunturas, o, sencillamente, del comportamiento ante la incidencia de factores o situaciones extraordinarias.

El estándar es un nivel de preferencia insustituible y siempre debe tratar de construirse; pero el estándar no se calcula una sola vez, sino que hay que mantenerlo actualizado con los diversos cambios de orden tecnológico, o de materias primas, o avances en las curvas de aprendizaje de los operarios o por mejoras de los métodos y sistemas.

Con el uso de los estándares de ingeniería industrial como niveles de referencia deben evitarse dos fuentes de errores muy comunes: la primera se refiere a concebir que la responsabilidad del cumplimiento de los estándares es, fundamentalmente, de los operarios. La segunda es asumir el estándar como un techo y no como una meta a superar.

La consecuencia de ambas es similar, la medición se convierte en un desestímulo de la búsqueda de la mejora. En el primer caso, el trabajador no se interesa en elevar el estándar, porque luego si no lo cumple (por cualquier razón) le pedirán cuentas, y en la segunda el estándar resulta desnaturalizado, ya que siendo su objetivo final apoyar el análisis del comportamiento del proceso y la programación del mismo, en el corto plazo, se tiende a tomarlo como la capacidad máxima del sistema y a extender su validez en el tiempo.

Es de resaltar que contra ese malentendido de los estándares de producción es que debe acotarse el punto 11 de los 14 puntos de W.E. Deming que dice: «Elimine los estándares de trabajo y las cuotas numéricas», lamentablemente, la expresión de manera general y absoluta de este enunciado ha traído y trae una serie de confusiones, de consecuencias muy negativas para la mayoría de las empresas del país, urgidas por organizar su producción y establecer adecuados estándares de producción, en base a un sistema de planificación, programación y control de producción adecuado.

c) Nivel teórico

El nivel teórico (también llamado de diseño) se utiliza fundamentalmente como referencia de indicadores vinculados a capacidades de máquinas y equipos en cuanto a producción, consumo de materiales, fallas esperadas.

El nivel teórico de referencia es un dato que da el fabricante del equipo, es un dato de diseño. Este nos da la máxima capacidad del sistema con una maquinaria y equipos determinados, cuya operación sólo puede ser superada si mejoramos, modificamos, innovamos o sustituimos la tecnología dura del mismo.

Su incumplimiento nos está refiriendo a causas múltiples asociadas a los sistemas, normas, métodos, recursos humanos, materiales, etc., con que operamos dichos equipos, es decir, asignables a la gerencia de la empresa.

d) Nivel de requerimientos de los usuarios

¿Qué pasaría si en un negocio de comida rápida, el tiempo promedio histórico de la atención al cliente es 30 min. y nuestro estudio de métodos nos da un estándar de 25 min., la tecnología permitiría hacerlo en 20 min., pero el 80% de los usuarios se quejan de excesiva lentitud, después de los 15 minutos de espera?

Frente a una situación como ésta no hay mayores alternativas, si queremos seguir en el negocio, debemos replantearnos no sólo nuestros sistemas y métodos internos, por muy «idóneos» que los consideremos, sino incluso la tecnología que poseemos para alcanzar un tiempo de atención al cliente inferior a los 15 minutos. Este ejemplo ilustra como los niveles de referencia pautados por los requerimientos de los usuarios son ineludibles.

Para su cálculo, hay que hacer un detallado estudio de las necesidades que el usuario requiere del producto. ¿Por qué compra nuestro producto?, ¿cuáles son sus expectativas?, ¿por qué compraría el nuestro y no el de la competencia?.

La utilización de los requerimientos del cliente como nivel de referencia, nos señalan las pautas inmediatas de la mejora en caso que estemos deficientes.

En el caso de que las cumplamos holgadamente nos pueden llevar a reorientar acciones frente a la competencia o a redefinir políticas de precios, o a incursionar en mercados más exigentes y atractivos.

La utilización adecuada de los requerimientos de los usuarios como nivel de referencia, presupone un conocimiento a fondo de las verdaderas necesidades de los usuarios. Implica el conocimiento de la caracteristica de calidad real del usuario, a fin de fijarnos adecuadamente parámetros para las características de calidad substitutas.

Por otro lado, téngase en cuenta que en todo mercado hay segmentos de clientes que tienen variación en el grado de requerimientos frente a una necesidad. De nuevo, sólo una precisión sobre el sector al cual dirigirnos, nos puede evitar un mal uso, bien sea por sobre especificación o por déficit en la norma.

e) Nivel de la competencia

Para abordar el uso de niveles de referencia provenientes de la competencia, los dividiremos en dos grupos: aquellos que se refieren al producto final (calidad, entrega, premios) y aquellos que se refieren al proceso (rendimientos de insumos, productividad total y parciales, costos, tiempos de procesamientos, reinversiones, inventarios, etc.).

El uso del primer grupo de indicadores es un imperativo del mercado, el cliente optará por la mejor combinación de características en la gama de productos que le están ofreciendo. De ahí que debe considerarse ineludible compararse con el mejor de la competencia, si se quiere asegurar la permanencia en el mercado. Esta perspectiva exige un permanente afinamiento de las estrategias de mercadeo y ventas, a fin de asegurar las ventajas competitivas que se vayan logrando.

El uso del segundo grupo de indicadores referidos, incide mayormente en los niveles de costos y por esa vía en la magnitud de los beneficios. En una perspectiva «*cortoplacista*» de dirección del negocio, en medio de una situación externa sin competencia, su utilización no resalta como necesaria. El único punto de comparación es la tasa de retorno anual de los inversionistas. Pero para que esta perspectiva se mantenga en el tiempo, es necesario contar con posiciones monopólicas y mercados protegidos, cautivos, situaciones por demás no deseables. Por el contrario, si nosotros nos planteamos como objetivo asegurar la permanencia en el negocio aún dentro de 20 o 30 años, el uso de estos indicadores de la competencia es fundamental, a fin de asegurar permanentemente la competitividad de la empresa.

La obtención de los indicadores de proceso de la competencia no posee mecanismos institucionales en Argentina, tal como existen en países como Japón (el propio MIT1 los publica), o a través de las Asociaciones Gremiales de Empresarios como en Estados Unidos.

Sin embargo, con el inicio de los estudios sectoriales de reconversión, será posible obtener estos niveles de referencia.

Los indicadores referidos al producto (precios, calidad, tiempo de entrega) pueden obtenerse realizando estudios de mercadeo adecuados. El uso de indicadores de la competencia no toma en cuenta las características de capacidad de nuestro proceso, de nuestra empresa, de ahí que deba tenerse claridad que la comparación con la competencia sólo nos señala hacia dónde y con qué rapidez debemos mejorar, pero no nos dice nada del esfuerzo. Debe tenerse particular cuidado en el uso de los indicadores de productividad parcial (laboral, materias primas, etc.), ya que muchas veces no se toma en cuenta que se trata de resultados gerenciales y no del mero esfuerzo de los trabajadores.

f) Nivel de consideración política

Con frecuencia, se establecen valores de referencia por razones de prestigio, por compromisos de seguridad o por ganarse a la comunidad circundante de una Planta.

A través de la consideración de los dos niveles anteriores se fija una política a seguir respecto a la competencia y al usuario. Los niveles de referencia provenientes de una consideración política sana y competitiva, generalmente expresan nuevos retos, problemas a ser creados. No hay una sola forma de estimarlos, se evalúan posibilidades y riesgos, fortalezas y debilidades, y se establecen.

g) Nivel planificado

Hemos visto diversos niveles de referencia con métodos de cálculo específico, los cuales tienen utilidad para establecer responsabilidades por la mejora a diferentes niveles, o para tipificar las causas particulares. También los hemos mencionado en sentido inverso a lo que pudiéramos llamar la pirámide de los niveles de referencia para los indicadores de gestión, comenzando en la base con el histórico y concluyendo en la cúspide con la referencia política. Entre cada nivel habrá mayores o menores desviaciones a ser gerenciadas a través de un plan de acciones específicas, por ello entre cada nivel tendremos niveles de referencia planificados, que no son otra cosa que los niveles/meta que podemos y debemos alcanzar en el futuro inmediato.

◇ *U*SO DE *T*ÉCNICAS DE *C*ONSENSO

Cuando no se cuenta con sistemas de información que den cuenta de los valores históricos de un indicador, ni se cuenta con estudios de ingeniería industrial para sacar valores estándar; o de mercadeo para obtener requerimientos del usuario o estudios sobre la competencia, una forma rápida de obtener los niveles de referencia es acudiendo a la experiencia acumulada del grupo involucrado.

Para evitar las discusiones y pérdidas de tiempo se apela a la dinámica de trabajo en grupo ayudando a la formación del consenso aplicando técnicas tales como la «*Técnica de Grupo Nominal*» (T.G.N.) o la «*Técnica de Votación Múltiple*», para ayudar a tener un valor referencia1 inicial del indicador que queremos implantar. El uso de niveles de referencia estimados a través de técnicas de consenso, es una buena alternativa (no la única) para obtener rápidamente un patrón inicial. Sin embargo, debe evitarse la tendencia a sustituir el uso de los otros niveles referenciales, dada la relativa facilidad de obtener éstos.

El principal inconveniente de los niveles de referencia así obtenidos, radica en la posibilidad de mezclar criterios diferentes entre los diversos participantes, y ello, además de poder afectar la confiabilidad del estimado, puede representar inconvenientes a la hora de analizar el resultado de la comparación.

◇ *R*ESPONSABILIDAD

Al decir responsabilidad nos referimos a la necesidad de especificar y clarificar a quién(es) le corresponde actuar en cada momento y en cada nivel de la organización, frente a la información que nos está suministrando el indicador y su posible desviación respecto a las referencias escogidas. En general existen las siguientes correspondencias entre desviaciones y niveles de responsabilidad para las decisiones.

Desviación:

Política vs. Competencia	Alta Gerencia
Política vs. Usuario	
Política vs. Teórico	Gerencia de Coordinación y Staff
Teórico vs. Estándar	Gerencia Operativa
Estándar vs. Histórico	Gerencia Operativa hasta nivel de operarios
Histórico vs. Real	

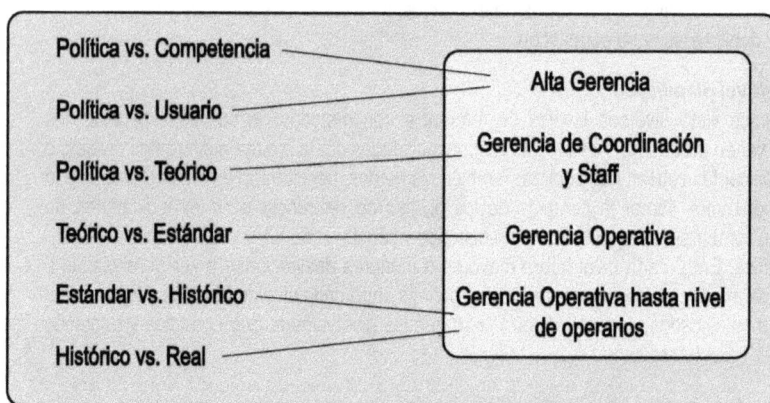

Muchas veces, por no aclararse este aspecto, la responsabilidad de decisión queda indefinida haciendo nulos los esfuerzos invertidos. Aquí es conveniente insistir en lo pautado en el punto «Medición y clima», respecto a qué nos interesa de los indicadores para gerenciar y controlar.

◇ *PUNTOS DE LECTURA E INSTRUMENTOS*

¿Cómo se obtienen y conforman los datos?, ¿en qué sitio se hacen las observaciones?, ¿con qué instrumentos se harán las medidas?, ¿quién hace las lecturas?, ¿cuál es el procedimiento de obtención de la muestra?.

Las respuestas a estas preguntas nos permiten establecer con claridad, la manera de obtener precisión, oportunidad y confiabilidad en las medidas que hagamos. En el caso de procesos físicos debemos garantizar la calidad de los «sensores» utilizados; en el caso de procesos administrativos, es muy importante valorar la idoneidad de la encuesta o la hoja de ruta, así como la claridad del procedimiento, a fin de garantizar la idoneidad del dato obtenido.

Por lo demás, deben retomarse todas las observaciones que hicimos en el punto «*Atributos de una buena medición*», a fin de asegurarse una medición con calidad.

◊ *PERIODICIDAD*

¿Cada cuánto tiempo se hace una lectura?, ¿Cómo se presentan los datos, lecturas puntuales, promedios diarios, promedios semanales o mensuales? Así como determinar el punto de lectura y la manera de obtenerlo, no menos importante lo es ¿cuándo hacer la medición? La respuesta a esta pregunta debe estar en correspondencia con la naturaleza del proceso que se quiere medir, a fin de evitar distorsiones ocasionadas por factores cíclicos o externos no discriminados.

La periodicidad es uno de los aspectos claves a resolver para construir los gráficos de corrida de tiempo y estudiar la existencia de tendencias en el desarrollo del proceso. Poder separar las causas comunes de las causas especiales.

◊ *SISTEMA DE INFORMACIÓN Y TOMA DE DECISIONES*

El sistema de información es el que debe garantizar que los datos obtenidos de las lecturas se presenten adecuadamente al momento de la toma de decisiones. De ahí que el sistema de procesamiento debe ser lo suficientemente ágil y rápido para asegurar el feed back adecuado a cada nivel de la organización. Vale decir que en cada nivel debe organizarse la información de la mejor manera para tomar decisiones. Es esa, y sólo esa, la información que debe suministrar el sistema, pero haciéndolo de una manera ágil y oportuna.

Un ejemplo que nos tocó vivir en una oportunidad fue ver cómo se procesaba el mismo dato de reportes de interrupción de servicios (12) para tres informes distintos:

◊ Resumen zona de interrupción diaria;
◊ Resumen de actividades de mantenimiento; y
◊ Disponibilidad mensual de la región;

Dichos datos eran recogidos y luego procesados por tres equipos distintos, con la consecuencia de tener mucha mayor posibilidad de introducir errores, malgastar un sin número de horas/hombre, de recursos humanos calificados, y producirse atrasos por falta de capacidad de procesamiento a cada nivel.

Es necesario atender la racionalización del procesamiento de la información, desde la planilla de recolección de datos hasta su presentación para la toma de decisiones. Un buen reporte para tomar decisiones, debe contener no sólo el valor actual del indicador, sino su nivel de referencia, así como un menú de posibles alternativas de acción frente a una desviación determinada.

◊ *CONSIDERACIONES DE GESTIÓN*

Como anotamos en el punto "Medición y conocimiento", la importancia de la medición es que nos ayuda a obtener el conocimiento profundo del proceso en el que nos basamos, para lograr los objetivos perseguidos. En consecuencia, es importante que enriquezcamos permanentemente nuestro conocimiento, fruto de la experiencia acumulada.

De ahí que consideremos fundamental describir todas las posibles alternativas de acción que se identifiquen, para obtener unos resultados determinados.

En particular, es importante que cada indicador cuente con su diagrama de causa/efecto y con la descripción de sus interrelaciones con otros indicadores.

Esto último es particularmente importante en el caso de los indicadores de eficiencia de uso de recursos, ya que cuando se trata de optimizarlos, olvidándose de su interrelación con los indicadores de efectividad en los productos y los indicadores de productividad, puede llegarse a situaciones negativas. Ejemplos típicos de estas situaciones las encontramos en empresas con sistemas de evaluación por presupuesto, en los cuales una mejor ejecución del mismo en un período dado, no es garantía de que la unidad haya cumplido mejor sus propósitos que le dan razón de ser.

En consideraciones de gestión deben incluirse organizadamente las alternativas de acción probadas, ante determinados escenarios de condiciones y rangos de valor del indicador. Esto nos permitirá mejorar nuestra capacidad de adiestramiento permanentemente, además de incrementar nuestro conocimiento del proceso.

CAPÍTULO 3

INDICADORES EN UNA UNIDAD DE GESTION

◇ *INTRODUCCIÓN*

En el presente capítulo abordaremos el tratamiento de los principales indicadores específicos que dan cuenta de la calidad y productividad con que se desempeña una unidad o departamento en la empresa. No obstante las diferencias de misión, objetivos y en la naturaleza de los procesos, de lo tangible o «intangible» de los productos y servicios, encontraremos que los conceptos de calidad, productividad, eficacia, eficiencia, efectividad, etc., son claves para gerenciar cualquier unidad o departamento por pequeño que este sea. Por ello, luego de definir las familias de indicadores que deben gerenciarse en una unidad, especificaremos la forma de rendirlos ¿cómo se expresan?, daremos algunos ejemplos y concluiremos con comentarios y observaciones que deben tenerse en cuenta en su manejo para evitar distorsiones, malos entendidos e incluso posibles contradicciones con lo que son los nuevos enfoques de calidad y productividad y, fundamentalmente, con el espíritu que debe privar el utilizar indicadores, el de mejoramiento continuo del desempeño y gestión de los procesos de cada departamento.

◇ *INDICADORES CLAVES PARA GERENCIAR LA CALIDAD*
    Y PRODUCTIVIDAD EN UNA UNIDAD

Cualquier unidad o departamento de la empresa pueden ser analizados como sistemas productivos de bienes o servicios con clientes, productos, procesos, insumos y proveedores lo cual esquemáticamente podríamos representar utilizando el diagrama de caracterización del sistema o unidad de la siguiente manera:

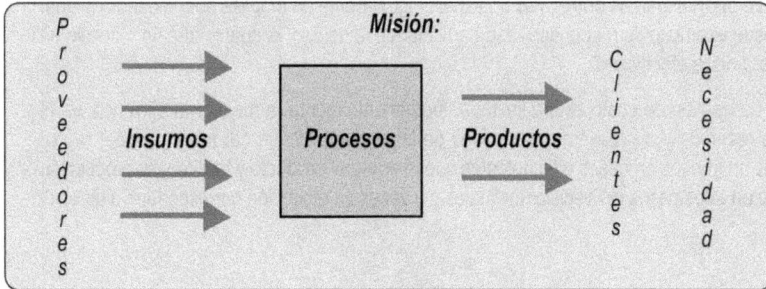

Para la correcta aplicación del diagrama debemos comenzar por elaborar la misión específica de la unidad dentro de la organización, es decir; su aporte o contribución al cumplimiento de la misión global de la empresa, que es lo que justifica su existencia. Para fines de identificar los indicadores de calidad y productividad que deben ser gerenciados en cada unidad, podríamos considerarla como un «pequeño negocio», sin embargo, la realidad de nuestras corporaciones y empresas por la centralización y la especialización llevan a limitar la aplicación cabal de dicho enfoque, ya que aspectos de la gestión tales como cantidades a producir, el qué producir, seguridad, moral del personal, están pautados y condicionados por políticas y decisiones tomadas a otros niveles, quedando reducido el ámbito de la gerencia de una unidad específica.

Sin embargo, aún actuando bajo dichas limitaciones cada unidad tiene un amplio campo de gestión en lo que se refiere a mejorar la calidad y productividad de la misma. En tal sentido, los siguientes bloques de indicadores de gestión o familias de indicadores deben ser gerenciados a nivel departamental:

◇ *Satisfacción del cliente.*
◇ *Efectividad en el cumplimiento de sus compromisos.*
◇ *Eficiencia en el uso de los recursos.*
◇ *Mejoramiento y motivación del recurso humano.*

Los aspectos básicos de gestión de cada empresa (cantidad, calidad, entrega, costos, seguridad y moral) tienen las siguientes relaciones con dichos bloques de indicadores:

1. La gestión de la cantidad estará condicionada por la pauta de programación del sistema superior, o por la función ventas, o por la asignación de recursos a la unidad que se haya decidido en otra instancia concentrándose en la efectividad, en el cumplimiento de compromisos.

2. La mejora de la calidad del producto o servicio de la unidad, si bien limitada por la dotación o asignación de recursos, tiene un amplio espectro de búsqueda de alternativas para mejorar los parámetros de diseño del servicio que incrementen la satisfacción de los clientes de la unidad y la conformidad o concordancia del mismo.

3. La oportunidad de entrega es un aspecto igualmente de amplias posibilidades de gestión desde el ámbito de responsabilidad particular de la unidad, el cual tendrá un rol clave en la mejora de la efectividad.

4. La gestión de costo estará limitada, fundamentalmente, a mejorar la eficiencia en el uso de recursos y a presentar alternativas de insumos (tanto en calidad y precios) o propuestas de nuevos procesos o tecnologías que mejoren el producto y faciliten, su producción aunque en tales casos las decisiones finales y a veces su ejecución corresponden a un nivel

superior o a otra función.

4. La gestión de seguridad a nivel funcional estará condicionada por las políticas y medidas tomadas en otras esferas y limitada a la aplicación de las mismas.

5. La motivación del recurso humano, no obstante su dependencia de políticas, normativas y sistemas diseñados y establecidos en otros niveles y unidades de la empresa, la rescatamos como un aspecto que no puede ser desligado de la responsabilidad de aquél que gerencia un departamento o unidad en particular y, sobre todo, en lo que se refiere a la comunicación, liderazgo, entrenamiento y desarrollo, y participación del personal como factores de motivación. Por otra parte, en la medida que una empresa avanza más en la implantación de los nuevos enfoques de aprovechamiento de la capacidad de su recurso humano, la responsabilidad de cada gerente en su área de gestión sobre tal aspecto se acrecienta. Sin embargo, debido a que la responsabilidad de cada gerente y su capacidad de gestión sobre tal aspecto depende de las políticas y sistemas de personal, siendo éste un tema muy importante pero de características particulares y diferentes al que nos ocupa, hemos excluido el tratamiento del mismo en el presente trabajo y recomendamos la lectura y estudio del texto sobre recursos humanos donde se trata con la profundidad debida.

En los puntos siguientes profundizaremos en cada una de las tres primeras familias de indicadores de gestión de la unidad, tanto en su definición, como en la forma de medirlos y las consideraciones de gestión a nivel departamental.

◇ *LA SATISFACCIÓN DEL CLIENTE*

La satisfacción del cliente depende, en primer lugar, del diseño del servicio que se le presta el cual debe estar acorde con los atributos que él valora del mismo y, en segundo lugar, que haya concordancia entre el servicio realizado y las especificaciones de diseño. Normalmente en las organizaciones se presta más atención a este último aspecto (el cual consideramos en el siguiente punto) olvidándose chequear y sondear la opinión del cliente sobre el propio diseño del servicio cuando, no obstante que se cumplan las especificaciones, podemos tener clientes sumamente insatisfechos.

En general, en las organizaciones se ha desarrollado poco el concepto de cliente interno, cuando más, se llega a evaluar la concordancia de parámetros fijados para el servicio (establecidos normalmente por el propio proveedor sin concurso del cliente). Por ejemplo, 30 días para la colocación de órdenes de compra, 10 días para la entrega de informes contables, 7 días de anticipación en la solicitud de viáticos, 20 días de anticipación para solicitar préstamos por prestaciones, estas son especificaciones de servicios que prestan: compras, contabilidad, administración, personal, etc., en las cuales, normalmente, no se les ha consultado al cliente.

Los atributos (los cuales deben ser validados con el cliente), que en general, deben ser considerados cualquiera sea el área o unidad en consideración, para luego evaluar la satisfacción del cliente con el diseño del servicio, pueden ser incluidos en los siguientes renglones:

▽ *Características del producto (contenido, color, apariencia, forma, potencia, capacidad, etc.).*
▽ *Tiempo de entrega (período entre solicitud y entrega o prestación del servicio).*
▽ *Lotes o cantidad mínima a ser despachada o servida.*
▽ *Condiciones de contratación exigidas (formatos, firmas, solvencias, adelantos, créditos, etc.).*
▽ *Atención y trato.*
▽ *Condiciones de garantía o reparación posventa (tiempo, monto, trato, etc.).*
▽ *Condiciones de despacho (se le envía o lo vienen a buscar).*

Con estos atributos (haciéndolos específicos para departamentos y servicios) se deben diseñar instrumentos de medición y recolección de informacion que permitan evaluar la percepción y expectativas del cliente a los fines de considerarlas en el diseño o rediseño del servicio. En tal sentido, se debe proceder de la siguiente manera:

1. *Establecer y validar con el cliente los atributos del servicio por él valorados.*

2. *Ponderar con el cliente los atributos para ser valorados.*

3. *Definir la escala con la cual el cliente valorará cada atributo del servicio.*

4. *Asignar valor numérico a cada nivel de satisfacción para cuantificar en un solo indicador el grado de satisfacción.*

5. *Proceder a recolectar, procesar la información y desarrollar, según los problemas o desviaciones encontradas en este u otro servicio o indicador, los pasos para el mejoramiento continuo.*

En la página siguiente (página 29), presentamos un ejemplo de encuesta para valorar la satisfacción del cliente. Se toman cinco atributos (ver columna ATRIBUTO) y se le asignan Pesos (P).

En el ejemplo le asignamos los siguientes pesos: P_1 = 25%; P_2 = 15%; P_3 = 25%; P_4 = 15%; y P_5 = 20%. Nótese que la sumatoria debe dar cien (100%).

Luego, para cada atributo, nuestro cliente escogerá una casilla que refleje su grado de satisfacción y ese será el valor de ese atributo.

Por ejemplo, si la calidad de las recomendaciones es buena, pero no brillante, el Valor 1, será P_1 x 2,5 que es igual a 25 x 2,5 = 62,5, y asi para cada atributo subsiguiente.

El índice de satisfacción resultará de dividir la sumatoria de valores ($V_1 + V_2 + ... + V_n$) entre el total máximo (en nuestro ejemplo 500) ya que la sumatoria máxima de los valores suma quinientos.

Cliente _____ Servicio

Fecha de Evaluación _____

PESO	ATRIBUTO	GRADO DE SATISFACCION			VALORES PARCIALES
P_1 25%	Calidad de las reco- menda- ciones	Deficiente (0)	Buena (2,5)	Excelente (5) Brillante Muy Valiosa	25 x 2,5 = = 62,50 V_1
P_2 15%	Claridad de los informes	Deficiente (0)	Buena (2,5)	Excelente (5) Concreto Preciso	15 x 5 = = 75 V_2
P_3 25%	Tiempo de respuesta desde que pide el ser- vicio hasta su entrega	Deficiente (0) (Exagerado + de X días) (Normal Y	Buena (2,5) días a X	Excelente (5) (– de Y días) días)	25 x 5 = = 125 V_3
P_4 15%	Condicio- nes de contrata- ción	Deficiente (0) Exagerados trámites	Buena (2,5) Normal	Excelente (5) Lo indis- pensable	15 x 2,5 = = 37,50 V_4
P_5 20%	Atención, trato a recibir	Deficiente (0)	Buena (2,5) Bueno y cor- tes	Excelente (5) Muy agra- dable, per- sonalizado	20 x 0 = = 0 V_5

TOTAL 100 %   TOTAL GENERAL 300

$$\text{ÍNDICE DE SATISFACCION} \quad \frac{V1 + V2 + V3 + V4 + V5}{500} = \frac{300}{500} = 0,60$$

◇ *COMENTARIOS Y OBSERVACIONES*

La satisfacción del cliente medida de esta manera sería un indicador de eficacia ya que trataría de retratar como el cliente percibe el servicio que le estamos dando, independiente- mente de que hayamos sido efectivos y eficientes en su prestación. Hasta el paso (construcción del instrumento de evaluación) el cliente está definiendo sus expectativas sobre el servicio, las cuales se situarán normalmente hacia los extremos de excelencia de la escala, reflejando con el peso asignado a que da más valor y por lo tanto en lo que es más exigente.

En la valoración estarán involucradas deficiencias tanto en el propio diseño como en la concordancia (incumplimiento), lo cual puede ser verificado y separado utilizando la información que posee la unidad sobre el cumplimiento de compromisos.

Nótese, que la propia recolección de datos facilita su posterior análisis a través de los diagramas causa/efecto y de Pareto, ya que se dispone de información jerarquizada y estratificada sobre el tipo de causa (atributo débil) o por tipo de cliente y servicio.

Debe procurarse, en la medida de lo posible, mantener por un período prudente tanto los atributos, su peso y su escala establecida, para que pueda evaluarse el avance o retroceso logrado; por supuesto que en esto incidirá la calidad inicial del instrumento. En todo caso, conviene cuando se va a mejorar o profundizar el instrumento (es decir, a hacerlo más exigente) porque se haya alcanzado un nivel muy cercano a la excelencia a determinar su equivalencia con la escala del instrumento anterior, (superado) para evitar frustraciones por un aparente descenso en los resultados, que no son más que consecuencia de un cambio en los factores del instrumento (escala, atributos, pesos).

◇ *Efectividad en Cumplimiento de Compromisos*

En el punto anterior presentamos los elementos claves a considerar para medir la satisfacción del cliente respecto al diseño del servicio que le presentamos, y hemos planteado que cuando recogemos su opinión en muchas cosas, no se está separando en el dictamen la evaluación del diseño de la concordancia del servicio realmente prestado, lo cual toca a la unidad o departamento en cuestión, y serán indicadores que le permitirán evaluar el grado de cumplimiento de los compromisos (efectividad) ya sean éstos fijados conjuntamente con el cliente o a través de metas internas de la unidad.

En este tipo de indicador partimos de más especificaciones o magnitudes preestablecidas, de acuerdo con la capacidad del sistema o unidad, tanto en producción (cantidad), calidad y oportunidad de entrega y comparamos los resultados reales en cada período (día, semana, mes, etc.) contra esos niveles preestablecidos.

A continuación señalaremos la forma de medir cada familia de indicadores, algunos ejemplos para diferentes áreas y comentarios u observaciones que debemos tener en cuenta para evitar las confusiones o malas interpretaciones.

◇ *Efectividad en Cumplimiento de Cantidad*

A través de este tipo de indicador evaluamos el grado de cumplimiento, en cuanto a la cantidad del servicio prestado, su forma general es la siguiente:

Efectividad = Cantidad servida o producción real / Cantidad que se debió servir o producir

Algunos ejemplos serían:

◊ *Producción: Producción real / Producción programada.*
◊ *Ventas: Despachos reales / Despachos comprometidos.*
◊ *Cobranza: Unidades monetarias cobradas / Unidades monetarias estimadas a cobrar.*
◊ *0 y M: Procedimientos revisados / Procedimientos a revisar.*
◊ *Compras: Ordenes colocadas / Solicitudes recibidas.*
◊ *Personal: N° de personas entrenadas / N° de personas a entrenar.*

Por supuesto que cada unidad tiene diferentes productos o servicios y para cada uno de ellos deberá llevar un indicador de efectividad en su producción.

◊ **CONSIDERACIONES Y OBSERVACIONES**

Con los indicadores de efectividad de cantidad debemos tener en cuenta las siguientes consideraciones para evitar malos entendidos o que se desvirtúen los conceptos de calidad y productividad.

Se debe delimitar bien el momento y sitio donde se van a contabilizar las cantidades producidas. Se debe considerar como producto o servicio a contabilizar sólo unidades completamente procesadas. No mezclar en un solo indicador productos terminados, con «productos» en proceso (aunque utilicemos equivalencias), ello puede ser válido para fines contables mas no para fines de calidad y productividad.

Cuando un cliente necesita utilizar un producto, no le interesa que éste tenga un 33% o 99% de elaboración ya que no le servirá de nada, lo requiere al 100% y conforme a las especificaciones. Por otra parte «el producto en proceso» es un inventario, que en vez de ser considerado como un activo valioso, debe vérsele como desperdicio en sí mismo (capital ocioso) y fuente de desprecio (equipos, hombres, espacio utilizado para su manejo).

Separar muy bien las cantidades de productos «*calidad de primera*» con los de «*calidad de segunda*». No es lo mismo cumplir con el 80% de las cantidades con productos «*de primera*» conforme, que cumplir con el 80% de «*productos equivalentes*» donde los «*de primera*» son el 60% y los «*de segunda*» 40% aunque estos últimos para fines contables valgan la mitad de los «*de primera*».

Deben diferenciarse muy bien la contabilidad de productos en las mediciones de insumos consumidos, ya que ello puede provocar graves errores. Un ejemplo típico de esto son los departamentos o empresas de asesoría que tienden a confundir productos con horas hombre vendidas o de servicio prestado, éste siempre será un insumo y como tal debe buscarse disminuir su uso y aprovecharlo mejor.

El producto de este tipo de unidad está relacionado a los problemas resueltos, soluciones aplicadas, planos e informes emitidos conformes.

◇ *EFECTIVIDAD EN COMPROMISOS DE CALIDAD (CONCORDANCIA)*

Con este tipo de indicador evaluamos la proporción de productos o servicios fuera de especificaciones, es decir, aquellos que no cumplen o no están conformes con las características o atributos acordados con el cliente. En tal sentido existen dos indicadores típicos: las *Devoluciones* y los *Rechazos*. El primero de ellos evalúa la proporción del producto fuera de especificaciones que llegan al cliente o usuario y son devueltos, regresados para su reposición o en algunos casos descontados o rebajados de la facturación del servicio. Su forma es:

$$\text{Porcentaje devoluciones} = \frac{\text{Cantidad de productos devueltos, descontados o rebajados}}{\text{Cantidad de productos despachados}}$$

Obviamente, el objetivo es que este indicador sea cero ((0)). Fundamentalmente este indicador nos está evaluando la calidad y capacidad del sistema de control de calidad del producto en la unidad, para detectar los defectuosos y evitar que lleguen al cliente.

En cuanto al segundo: Rechazos, nos da cuenta de la proporción de productos que son devueltos antes de su despacho al cliente y detectados por el sistema de control de calidad de la unidad, la forma típica es:

$$\text{Porcentaje rechazos} = \frac{\text{Cantidad de productos fuera de especificaciones}}{\text{Cantidad de productos inspeccionados}}$$

Nótese que en el denominador tenemos productos inspeccionados y no los elaborados ya que a menos que se tenga una inspección del 100% éstos no coincidirán y el porcentaje de rechazos es calculado sobre una muestra de los mismos. Esta es una de las causas por las cuales las devoluciones del cliente pueden estar presentes aún con el mejor sistema de muestreo estadístico. Las unidades de la empresa deben calcular y evaluar este tipo de indicador. A continuación presentamos algunos ejemplos:

Compras

▷ Porcentaje devoluciones en órdenes o renglones colocadas
▷ Ordenes o renglones que son devueltos por los proveedores por faltar información respecto del total colocadas.
▷ Porcentaje de rechazos de órdenes elaboradas
▷ Ordenes rechazadas a la firma por errores o falta de información respecto del total elaborado.

Ingeniería

▷ Porcentaje devueltos de planos o proyectos
▷ Planes o proyectos devueltos por el constructor por errores o falta de información respecto del total entregado.

▷ Porcentaje de rechazos de planos o proyectos.

▷ Planos o proyectos rechazados por el jefe del proyecto por errores o falta de información respecto del total inspeccionado.

Contabilidad

▷ Porcentaje de devoluciones de informes (ó páginas)

▷ Cantidad de informes (o páginas) con errores o defectos del total de informes (o páginas) presupuestadas.

▷ Porcentaje rechazos de informes o páginas

▷ Cantidad de informes o páginas con errores o defectos del total de informes o páginas revisadas en el departamento antes de su presentación o entrega.

◇ CONSIDERACIONES Y OBSERVACIONES

Definir bien la unidad de referencia o garantia, es decir, aquella que será tomada como base de cálculo del compromiso con el cliente. El significado de más 3% de granos partidos en el arroz despachado puede variar si la unidad de referencia es un saco de 100 Kg. de arroz o un paquete de 1 Kg. En la primera unidad de garantía se aceptarían hasta 3 Kg. de granos partidos sin que el producto fuese devuelto y la devolución sería cero «0»; en el segundo caso en 100 paquetes de 1 Kg. Podrían existir hasta 99 devoluciones (99%) al concentrarse los granos partidos en éstos y obtener un solo paquete 0% de granos partidos. En los ejemplos arriba mencionados tendremos que decidir y aclarar con el cliente la unidad de garantía si se trata de planos o proyectos, órdenes o renglones, informes completos o páginas.

Definir con claridad la prioridad o importancia de los defectos o errores y las condiciones de aceptación (de devoluciones y rechazos).

Generalmente un producto no tiene una sola característica o atributo de calidad. En el punto «*La satisfacción del cliente*» señalábamos, entre otras, contenido, forma, duración, color, olor, apariencia, potencia, durabilidad, capacidad, y no todas tienen la misma importancia como condicionantes de devoluciones o rechazos, ello depende del acuerdo con el cliente. De no tener en cuenta lo anterior podemos caer en extremismos nocivos y paralizantes de la mejora, incluso a nivel de empresa, decretadores de su desaparición. En tal sentido, de acuerdo con K. Ishikawa clasificaremos los defectuosos en tres categorías, a saber:

▷ *Defecto crítico*: Aquel que de existir coloca en peligro la seguridad o vida de la empresa o individuo cliente. Ejemplo: fallas en los frenos de automóviles, cálculos equivocados para alternativas de inversión, en planos de construcción, etc.

▷ *Defecto grande*: Aquello que afecta el funcionamiento del producto o limita el servicio. Ejemplo: desperfecto en el motor, error en la transcripción de un cheque.

▷ *Defecto menor:* Aquellos que no afectarán el funcionamiento, pero que no gustan al cliente: desperfectos en la pintura, informe borroso o muy condensado, planos con tachones, etc.

Las condiciones de aceptación son normalmente muy exigentes respecto a los dos primeros tipos de defectos, guardando niveles de tolerancia mayor para el último tipo de defectos. Las tolerancias deben ser establecidas por un lado tomando en cuenta las necesidades y requerimientos válidos del cliente y por el otro la capacidad de la unidad para cumplirlas, lo cual en definitiva, definirá el costo del servicio y el precio ; que el cliente está dispuesto a pagar.

Tener pocas o ninguna devolución, pocos o ningún rechazo no es sinónimo de plena satisfacción del cliente como tampoco de cero defectos; las situaciones ideales que deben orientar el proceso de mejoramiento en devoluciones o rechazos, nos están diciendo que estamos cumpliendo los acuerdos y condiciones de aceptación y de tolerancia. Citando a K. Ishikawa «*Las cifras de piezas defectuosas son apenas la punta del témpano, los defectos descubiertos*», ya que un sentido más amplio los defectos reales pueden ser 10 o 100 veces más que los descubiertos. Revelar y eliminar estos defectos ocultos o latentes es una meta básica del control de calidad).

◇ **EFECTIVIDAD EN LA ENTREGA** (CONCORDANCIA CON EL COMPROMISO DE DESPACHO)

Si un producto no está disponible en el momento necesitado no puede satisfacer los requerimientos del cliente, resultando similar a una situación en donde el producto tuviese desperfectos. Por ello cumplir con las fechas de entrega comprometidas debe ser igualmente controlado, así como la concordancia en calidad o cantidad.

El indicador para evaluar este tipo de situación es el retraso en la empresa y tiene las siguientes formas generales:

$$\text{Retraso promedio} = \frac{\text{Días u horas acumuladas en los despachos realizados}}{N° \text{ de despachos realizados ó } N° \text{ de despachos retrasados}}$$

Donde el Retraso promedio es en Días u horas de retraso acumuladas en la empresa medido en días.

$$\text{Retraso en la entrega (en porcentaje)} = \frac{N° \text{ de despachos retrasados}}{N° \text{ de despachos realizados}}$$

Obviamente el objetivo a lograr en este indicador es del cero «0» retrasos ya sea en días o porcentaje, lo cual equivale a una efectividad de 100% en la entrega, todos los despachos a tiempo. Nuevamente encontraremos que este tipo de indicador es aplicable a cualquier unidad y debe ser llevado para cada producto o servicio prestado. Nótese su diferencia con el de cantidad ya que se puede cubrir el 100% de la cantidad o producción prevista, pero con desfase en el tiempo comprometido con el cliente.

◇ *CONSIDERACIONES U OBSERVACIONES*

Al igual que en calidad, debemos precisar la unidad o unidades de referencia. Ya sea lote, renglones, pedido completo, toneladas, etc. Por ejemplo, si el pedido es completo se considerará despachado cuando se entregue la última unidad del pedido solicitado. No es lo mismo decir, entregamos a tiempo el 50% de los renglones despachados o con 5 días de retraso por renglón despachado, o el 100% de los pedidos estuvieron retrasados (si al menos en cada uno correspondió un renglón de retrasado), En todo caso es recomendable llevar varias unidades de referencia para facilitar el análisis del comportamiento.

Debemos considerar la pertinencia de ponderar los despachos luego de seleccionar la unidad de referencia. Veamos el siguiente ejemplo:

N° de pedido	Toneladas	Demora en días
1	50	0
2	20	0
3	80	4
4	50	0

Pudiéramos decir el 25% de los pedidos salió demorado (1 de 4) o el 40% de los pedidos (considerando las toneladas despachadas) salió demorado.

Evitar mezclar porcentajes de entregas parciales con pedidos no completados, ya que la otra cara de un 50% de entrega a tiempo puede ser 100% de clientes insatisfechos a los cuales se les entregó sólo la mitad de lo solicitado a tiempo. Por ello, al ponderar debemos ser muy cuidadosos y considerar su pertinencia, sólo en caso de existir en la unidad una política bien razonada de jerarquización de clientes.

◇ *EFICIENCIA EN EL USO DE RECURSOS*

La eficiencia en el uso de recursos nos refiere al aprovechamiento que hacemos de ellos, lo cual es un aspecto clave dentro del mejoramiento de calidad y productividad.

La noción de eficiencia mejor lograda es aquella que va ligada al incremento del valor creado, del valor agregado. Aquella mediante la cual mantenemos y lo mejoramos la cantidad y calidad de nuestros productos, manteniendo ylo disminuyendo la cantidad de insumos requeridos. Esto implica que para ser eficiente, nuestro principal foco de atención a nivel operativo en cualquier unidad funcional debe concentrarse en la eliminación de Despedicios, tanto los visibles como los ocultos, cualquiera sea la fuente de éstos.

Si logramos lo anterior eliminaremos los sobrecostos, disminuiremos al mínimo el uso de recursos sin afectar negativamente el logro de los resultados propuestos. ¿Cuáles indicadores utilizar para mejorar la eficiencia en el uso de recursos?, ¿cómo cuantificar el desperdicio?

En respuesta a lo anterior, comenzaremos por definir:

1) *Requerimientos unitarios de insumos R.U.I.,*

2) *Establecimiento de las posibles fuentes de desperdicio que nos llevan a incrementar aquellos requerimientos.*

3) *Indicar en general las formas que adquirirían estos indicadores y cómo considerarlos.*

◇ **LOS REQUERIMIENTOS UNITARIOS DE INSUMOS**

Los R.U.I. son las cantidades de insumos (ya sea maquinarias o equipos, materiales, espacio, energía, horas hombre, etc.) que necesitamos dada una capacidad del proceso y sistema o unidad, para producir una unidad de producto o servicio.

La forma del R.U.I. es como sigue:

$$R.U.I. = \frac{\text{Cantidad de insumo utilizado}}{\text{Cantidad de productos}}$$

Algunos ejemplos de R.U.I.:

-a- *De materiales:*

$$\frac{\text{Ton. o lotes o unidades de material X}}{\text{Ton. lotes o unidad de producto}}$$

$$\frac{\text{Hojas de papel utilizado}}{\text{Informe}} = \frac{\text{Hojas de papel}}{\text{Ordenes de compra}}$$

-b- *De maquinaria:*

$$\frac{\text{Horas-máquina}}{\text{Ton. o litros producidos}} = \frac{\text{Horas de computadora}}{\text{Reporte}}$$

-c- *De mano de obra:*

$$\frac{\text{Horas hombre}}{\text{Ton. o artefactos producidos}} = \frac{\text{Horasmecanógrafa}}{\text{Informe}} = \frac{\text{Horasdibujante}}{\text{Plano}}$$

◇ **COMENTARIOS U OBSERVACIONES**

Los R.U.I. son una expresión del uso de recursos de los cuales no se puede prescindir, ya que son los que utilizamos para presupuestar y programar la cantidad de recursos que necesitaremos en un período determinado o, el costo a incurrir, al multiplicar éstos por la cantidad de productos programados a producir y por los precios de los insumos respectivos.

Cantidad de insumo necesario = R.U.I. x cantidad de productos

Costo del insumo = R.U.I. x cantidad producto x precio insumo

Los R.U.I. también son la forma más utilizada para comparar entre empresas la eficiencia particular con que se aprovechan los insumos y para gerenciar, en los más altos niveles, las decisiones de inversión, innovación en equipos, nuevas tecnologías o desarrollo de las actuales. A nivel departamental conviene llevar las gráficas de corrida de los principales R.U.I. (aquellos que inciden más en la estructura de costos de la unidad) e identificar los niveles de referencia tales como el histórico, el estándar, diseño o teórico, con la finalidad de hacer un análisis más riguroso de las oportunidades de mejora.

Para evitar complicaciones de orden matemático en la suma de insumos y productos diferentes, en la búsqueda de indicadores globales, conviene más bien ser específicos a nivel departamental o de unidad y concentrarse sólo en los principales productos o servicios, llevando RUI particulares para cada tipo de producto y sólo con los principales insumos.

◇ *Fuentes de Desperdicios que afectan los R.U.I.*

La noción de desperdicio y su medición es relativamente más fácil de trabajar y utilizar en el proceso de mejoramiento que la de los RUI. Por otra parte, al concentrarnos en la eliminación de los mismos estaremos mejorando dichos indicadores. ¿Qué explica que un RUI esté por encima de su nivel de diseño? Por ejemplo que en vez de requerir 1 Ton., de insumo por Ton. de producto requiramos 1.2 Ton. o que en vez de 10 hombre 15 hombre, o que en lugar de una hoja de papel por hoja de informe, gastemos 3 hojas. Es decir, tengamos que incurrir en desperdicio de 0.2 Ton., o de 5 hombre o de 2 hojas. Entre las respuestas tendríamos:

◇ *Inadecuados métodos y procedimientos.*
◇ *Fallas en los equipos.*
◇ *Falta de habilidad en la gente.*
◇ *Especificaciones y diseño de productos deficientes o que incorporan más uso de recursos.*
◇ *Falta de coordinación en los programas y los suministros.*
◇ *Inadecuada calidad de los materiales utilizados.*
◇ *Diseño de proyectos y layout que incorporan más espacio, manejo y transportes innecesarios, etc.*

El efecto de las anteriores causas, además de ser medidas en términos de R.U.I., es más fácil de visualizar cuando nos referimos a rechazos, retrabajos, inventarios, ratio de operación y demoras, los cuales son indicadores de desperdicios cuya disminución o eliminación incidirá en el mejoramiento y optimización de los RUI.

En los siguientes puntos ampliaremos la consideración sobre los últimos cuatro indicadores ya que el rechazo fue considerado en el punto anterior.

◇ *El Retrabajo*

Como su nombre lo indica, este tipo de desperdicio se ocasiona cuando el producto de una unidad es rechazado y es posible reajustar o eliminar el defecto económicamente, para lo cual en la unidad deben ser utilizados recursos e insumos adicionales (Hombre, máquinas, materiales, etc.). El retrabajo, además de su efecto directo sobre los R.U.I., tiende a aumentarlos, afecta la capacidad de producción del sistema al utilizar parte de ella. La noción de retrabajo es mucho más aplicable en las unidades administrativas que en las de producción, ya que sólo en algunos casos de estas últimas, el rechazo puede ser vuelto a procesar y normalmente se convierte en más producción donde ya se ha incorporado el porcentaje esperado de rechazo final. A continuación daremos algunos ejemplos de indicadores de retrabajo.

Ingeniería:
Porcentaje de tiempo del personal dedicado a hacer de nuevo o modificar planos.

$$\frac{Número\ de\ planos\ dibujados}{Número\ de\ planos\ finales} = \frac{Especificaciones\ elaboradas}{Especificaciones\ conformes}$$

Contabilidad:
Número de veces que se rehace un informe antes de ser entregado.
Porcentaje de tiempo del personal dedicado a rehacer cálculos o rechazar informes.

Compras:
Número de veces que se reelabora una orden de compra porcentaje de tiempo que el personal dedica a rehacer ordenes de compra u otros servicios

Personal:
Porcentaje tiempo de personal dedicado a rehacer el trabajo ya realizado

$$\frac{Candidatos\ entrevistados}{Candidatos\ que\ reunen\ los\ requisitos}$$

◇ *Consideraciones y Observaciones*

El retrabajo es ocasionado por productos que son rechazados, y según el nivel de recuperación, el mismo irá desde su elaboración total (rechazos inutilizables) hasta su elaboración parcial (parte de un memo, informe, una pieza del artefacto, una parte del dibujo). Por tanto en los sistemas cuya relación es uno a uno bastará con medir los rechazos. Sin embargo, siempre es conveniente mantener la noción de eliminar el retrabajo, ya que en niveles más específicos o en partes de la unidad pueden ocurrir retrabajos antes de que el producto sea inspeccionado y por tanto los rechazos a este nivel del proceso, no reflejarán el retrabajo realizado. Una forma útil y sencilla de evaluar el retrabajo es a través del muestreo del trabajo en todas las unidades y niveles de la misma donde según el plan de muestreo, se solicitará que la gente (o el analista) indique cada vez que se toma la muestra, si está haciendo un trabajo para un producto o servicio nuevo o reelaborando o modificando algo ya realizado (y por supuesto si es que está ocioso), de esta manera podemos cuantificar el porcentaje de tiempo del personal que es utilizado en el desperdicio de retrabajo. Como puede inferirse, si el indicador anterior disminuye, con alta probabilidad se estarán disminuyendo los consumos adicionales de otros recursos por concepto de retrabajo tales como nuevos materiales utilizados, horas de equipo adicional, energía eléctrica, etc., de allí la importancia de manejar el muestreo del trabajo.

◇ *INVENTARIOS DE PRODUCTOS EN PROCESO*

Los inventarios en general y en particular, los de proceso, que son manejados o determinados por las propias unidades de la empresa, constituyen un elemento clave en la disminución de la eficiencia en el uso de recursos.
Los inventarios significan:

- ◇ *Espacio inutilizado para su almacenamiento.*
- ◇ *Equipos para manipularlos.*
- ◇ *Materias primas, trabajo acumulado, energía, horas equipo, etc., lo contrario a un activo, son capital muerto, perdiéndose el costo de oportunidad de su utilización.*

Y, sobre todo, «*son pulmones*» o «*colchones*» para tapar la ineficiencia y los problemas de fallas, demoras, puesta a punto, etc. Si bien para la materia prima los inventarios pueden ser justificados en base a la poca confiabilidad de proveedores externos o de monopolios de los mismos que establecen condiciones unilateralmente. En el proceso al interior de la empresa y sus unidades, muy pocas razones que no estén bajo control de las mismas, justifican el inventario.

Tenemos y generamos inventarios no sólo en las líneas de producción o en los almacenes de suministro y despacho (compras y ventas), sino que los inventarios en proceso están presentes en todos los departamentos de la empresa. Cualquier material, documento, informe, plano, orden de trabajo, requisición que no ha sido completado y entregado al cliente es un inventario en proceso.

La forma de un indicador de inventario en proceso conviene llevarla a cantidad de trabajo en proceso, en términos de tiempo (horas, días, semanas), de trabajo acumulado por procesar en porcentaje de la producción mensual de la siguiente manera:

$$\text{Inventario en proceso} = \frac{N° \text{ días de material en proceso en términos de capacidad de productiva}}{\text{Porcentaje de la producción del mes en proceso}}$$

A continuación, daremos algunos ejemplos para evidenciar la importancia de este indicador de gestión en todas las unidades.

Suministros:
Ordenes de compra por colocar equivalentes a 10 días de la colocación mensual.
Porcentaje de facturas por enviar.

Ventas:
Informes listos esperando su revisión final.

Control de Calidad:
Planes engavetados sin decisión, respecto del total.

Finanzas:
Porcentaje de facturas pendientes de cobro.

Producción:
Envases para 10 días de producción.

◇ COMENTARIOS Y OBSERVACIONES

Los inventarios son incrementos de costos que no añaden valor a nuestra producción. De ahí que no sea conveniente tratar de establecer equivalencia de grado de elaboración para sumar los inventarios de productos en proceso, de las diversas estaciones de trabajo de la línea de producción y contabilizar las cantidades de las diversas partes y piezas tal cual, como si fueran unidades de productos acabados. Las equivalencias en moneda o en grado de elaboración, sólo nos llevará a confundirnos en nuestra tarea de identificar las causas raíces que determinan la necesidad de inventarios en un momento dado.

2. Debemos tener en cuenta que los inventarios en proceso nos dan cuenta de la fluidez del proceso, de los procesos en la unidad, del correcto balance en los puestos de trabajo, de la ausencia de fallas o demoras durante la operación, de las facilidades y racionalidad de la transferencia entre puestos o de un paso a otro.

◇ RATIO DE OPERACIONES

Cuando nos detenemos a revisar las actividades que realizamos en un departamento o unidad funcional, mediante un diagrama de proceso, podemos ver inmediatamente que más es el tiempo que el insumo, objeto de transformaciones, pasa en espera, en transporte e inspecciones, que el tiempo en que es realmente transformado (tiempo de operaciones). Precisamente a esa relación es la que denominamos,

$$\text{Ratio de operación} = \frac{\text{Tiempo en operación}}{\text{Tiempo total}}$$

Siendo el *Tiempo de operaciones*, el lapso de tiempo en el cual el insumo es objeto de transformaciones que le añaden valor; y el *Tiempo total*, el que transcurre desde que el/los insumos llegan al departamento, hasta que el producto conforme es entregado.

El tiempo total es la sumatoria de tiempo en operaciones, tiempo en inventario y esperas, así como los tiempos de transporte y mediciones. Utilizando la nomenclatura de la Ingeniería de Métodos tendríamos el siguiente ejemplo:

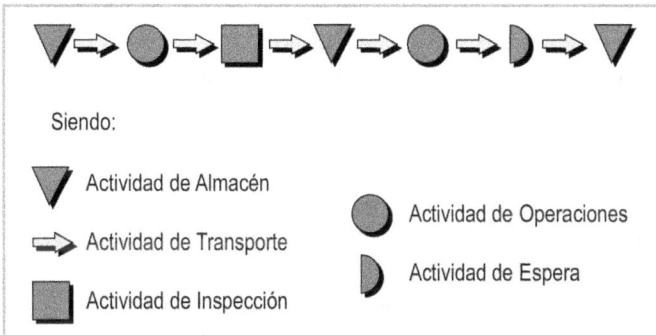

Siendo:

▽ Actividad de Almacén

⇨ Actividad de Transporte

◻ Actividad de Inspección

◐ Actividad de Operaciones

◗ Actividad de Espera

De ahí que,

$$Ratio\ de\ Operación = \frac{T_1 + T_2}{\Sigma\ T.\ total}$$

Para el cálculo de tiempo (T) se utilizan los diversos métodos de medición de tiempos de inspección industrial. Otra forma de calcular el Ratio de Operaciones es sencillamente referirse al número de actividades. En nuestro ejemplo sería:

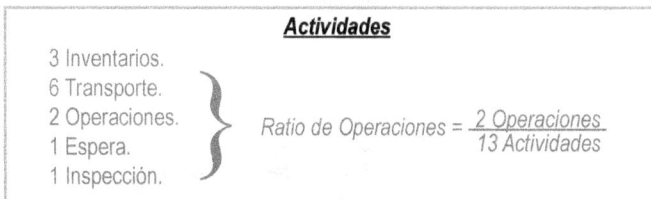

Actividades

3 Inventarios.
6 Transporte.
2 Operaciones.
1 Espera.
1 Inspección.

$$Ratio\ de\ Operaciones = \frac{2\ Operaciones}{13\ Actividades}$$

Esto implica que en más del 80% de las actividades que realizamos, gastamos insumos sin agregar valor, vale decir, gastamos Horas hombre equipo de transportes, áreas e instalaciones, que desmejoran los R.U.I. respectivos y la productividad total.

De ahíque en una buena gerencia debe abordarse con prioridad la mejora de la eficiencia, tratando de eliminar las actividades no productivas.

◇ COMENTARIOS

1. Las mediciones realizadas del ratio de operaciones, la mayor parte de las veces, muestra que más del 95% del tiempo se invierte en actividades no productivas y por tanto susceptibles de disminuir y/o eliminar sin desmejorar la calidad. Por el contrario, en la medida que eliminamos actividades como transporte e inventarios, estaremos disminuyendo las posibilidades de que el producto en proceso sufra deterioro.

2. A fin de no caer en esfuerzos eficientistas debemos insistir en que la eliminación de un transporte, un inventario, una inspección o una espera, es la eliminación de las causas que lo determinan. Por ejemplo, para eliminar un transporte, se debe modificar el Layout, eliminando la distancia que hacía necesario el transporte.

3. Otra perspectiva es la combinación de actividades, como por ejemplo, hacer el enfriamiento de una pieza durante el transporte.

◇ DEMORAS

Otra manera de incidir en el mejoramiento de los R.U.I. es velar por el funcionamiento continuo y sin demoras de los diferentes procesos de transformación. La forma típica de un indicador de demoras es la siguiente:

$$Demora = \frac{\textit{Paradas del equipo o proceso}}{\textit{Tiempo que se debió producir}}$$

Es normal ver que se utilice apenas entre el 60 y el 80% del tiempo de producción. Esto ocasiona horas hombreperdidas, así como inventarios en proceso y perdidas de capacidad.

El registro de operaciones es la fuente de información primaria, para llevar los indicadores de demoras. En una unidad cualquiera el registro de operaciones puede señalar lo siguiente:

> 08:00 08:45 *Preparación y calibración.*
> 08:45 09:45 *Operación normal.*
> 09:45 10:15 *Parada por suministro.*
> 10:15 10:25 *Inspección control de calidad.*
> 10:25 11:45 *Operación normal.*
> 11:45 12:45 *Parada por almuerzo.*
> 12:45 01:30 *Parada por cambio de producto.*
> 01:30 01:40 *Parada por falta de presión de agua.*
> 01:40 03:50 *Operación normal.*
> 03:50 06:00 *Tiempo ocioso sin programación.*

Como puede verse, de las diez horas empleadas se podrían contabilizar nueve (al no incluir el tiempo para almorzar), pero observamos que sólo se produjo durante cuatro horas y media. Es decir un porcentual de demora del 50%. En el resto, no hubo producción por diversas razones, tales como: tiempo de puesta a punto, indisponibilidad de suministros, espera por inspección, etc.

Para analizar adecuadamente los indicadores de demoras, conviene clasificar los diversos tipos de paradas de acuerdo a su causa u origen, de forma tal que se nos facilite el proceso de mejoramiento, al ubicar claramente la fuente del desperdicio.

En tal sentido sugerimos los siguientes rubros en el registro de operaciones para efecto de llevar el indicador de demoras:

Tiempo de producción: La suma de los intervalos que el equipo efectivamente se encuentra produciendo.

Parada por suministro: La suma de intervalos en que el equipo no produce, imputable a fallas en el suministro adecuado de materias primas.

Parada por operario: La suma de intervalos que el equipo no produce por ausencia de operarios disponibles.

Parada por servicios: La suma de intervalos en que el equipo no produce por fallas de electricidad, gas, agua.

Paradas por fallas: la suma de intervalos en que el equipo no produce por desperfectos en los equipos.

Parada por mantenimiento preventivo: La suma de intervalos en que el equipo no produce por revisiones, lubricación, cambios de partes programadas, etc.

Parada por control de calidad: La suma de intervalos que no se produce debido a constatación de errores en las especificaciones ylo situaciones en que no se cumple con las especificaciones de concordancia.

Parada por ausencia de orden de producción: Tiempo ocioso en que no se produce por falta de órdenes de trabajo.

Parada por puesta a punto: Tiempo en que el equipo no produce por estarse preparando o ajustando para producir.

CAPÍTULO 4

INDICADORES POR UNIDAD FUNCIONAL

◇ *INTRODUCCIÓN*

Una vez explicados en el capítulo anterior las familias de indicadores que debemos utilizar en cualquier unidad de gestión, desarrollaremos en este capítulo los diversos indicadores específicos que pueden utilizarse en cada unidad funcional.

Comenzaremos precisando las implicaciones organizativas de nuestra propuesta de unidades funcionales, para luego enumerar el conjunto de indicadores que den cuenta de cada uno de los criterios de desempeño de las mismas. Dichos listados son a título meramente enunciativo y no pretenden, en ningún momento, excluir a otros indicadores que las buenas prácticas de gestión han ido identificando en diversas empresas.

◇ *ESTRUCTURA ORGANIZATIVA Y ÁREAS FUNCIONALES*

Cuando nos referimos a las funciones de la empresa no nos limitamos al departamento de la empresa que lleva el mismo nombre; en este sentido Control de Calidad es mucho más que el departamento o gerencia que lleva la misma denominación, igual pudiéramos decir de mantenimiento, mercadeo, etc.

La función no se limita a sólo una parte específica de la empresa, de igual manera que el sistema sanguíneo en el cuerpo no está en un solo órgano del cuerpo humano. La función debe cumplir un ciclo completo planificar hacer chequear reajustar, y para ello, si bien puede estar su responsabilidad asignada a una unidad, necesitará de la interrelación con otras áreas.

Más aún, una misma función puede tener diversas unidades organizativas sin que por ello debamos cambiar el concepto de función.

Asimismo, una misma unidad puede estar adscrita a una u otra área en la empresa, sin que por ello deje de cumplir su misión desde el punto de vista funcional. Por ejemplo, para la función suministro, es vital asegurar la calidad de lo que se adquiere y ello lo puede hacer con una unidad de control de recepción. Esta unidad de control de recepción generalmente está adscrita a la gerencia de control de calidad, lo cual no implica que su trabajo le sirva sólo a esta última función, también su trabajo es esencial para un buen desempeño de la gestión de suministro.

Estos problemas de adscripción, definición de áreas de competencia, responsabilidades, no tienen una sola respuesta organizativa. Independientemente de donde ubiquemos una unidad, lo importante es que se mantenga el concepto de completar el ciclo (PHCR) de gestión de la función. Es importante que en cada empresa se identifiquen estos ciclos a fin de evitar las llamadas «*tierras de nadie*», áreas de gestión que ninguna unidad organizativa reivindica para sí.

Otro punto a considerar es el carácter interfuncional de los grandes objetivos de la empresa. La calidad no es responsabilidad de una sola área, ni puede pensarse que los costos pertenecen a una sola función, o que la disponibilidad es sólo un problema de mantenimiento. Comprender esto nos permite valorar mejor la necesidad de una alta gerencia con liderazgo a fin de lograr que todas las áreas cumplan no sólo con su tarea sino que también velen por su aporte a los grandes objetivos interfuncionales. V.gr. para el cumplimiento de las fechas de entrega, cada departamento de línea tiene un aporte *ventas-producción-suministro*, pero éstos, sin los aportes previos de mercadeo o de mantenimiento, control de calidad, administración y finanzas, higiene y seguridad industrial, estarían muy expuestos a contingencias y retrasos. Con esto queremos insistir en la necesidad de no restringir la gestión de una unidad sólo al cumplimiento de sus «deberes», sino que también deben contribuir a señalar alternativas para evitar descoordinación, lo que redunda en beneficio de toda la empresa.

A fin de minimizar estas situaciones rescatamos la pertinencia del enfoque del cliente interno como vía para establecer definiciones y compromisos operativos, que permiten mancomunar esfuerzos sin desdibujar las áreas de incumbencia y las delimitaciones de responsabilidad, principios insoslayables de una buena organización. Bajo este enfoque la unidad proveedora es la responsable de entregar un producto (sin defectos, sin retrasos y en las cantidades solicitadas), pero la unidad cliente debe hacer esfuerzos en condensar muy bien los requerimientos válidos, así como en cooperar para obtener un buen servicio y atención. Igualmente, la unidad cliente es responsable de hacer un buen uso del producto que se le entrega, todo ello dentro de una perspectiva global de productividad y calidad que busca dar prioridades a la satisfacción del cliente.

Una vez hechas las aclaratorias sobre estructura organizativa y áreas funcionales, presentamos en el próximo punto los indicadores de gestión por unidad funcional; estos últimos no son representación de ninguna empresa en particular, más bien se trata de una separación de funciones que nos permiten alcanzar nuestros objetivos. Las unidades que serán tratadas son las siguientes:

Mercadeo.	*Investigación y desarrollo.*
Planificación y preparación de producción.	*Programación, ejecución y control de producción.*
Ventas.	*Suministro.*
Mantenimiento.	*Control de calidad.*
Administración y finanzas.	*Recursos humanos.*
Higiene y seguridad industrial.	

Para cada unidad establecemos su propósito o misión dentro de la organización, sus principales tipos de productos y luego los indicadores de eficacia, efectividad y eficiencia.

Es de señalar que si bien incluimos algunos indicadores de eficacia, como fue señalado en el capítulo III, la responsabilidad sobre los mismos no es exclusiva de la unidad funcional a la cual se refiere, y su naturaleza es fundamentalmente interfuncional; al contrario, los indicadores de efectividad y eficiencia dependen más de la gestión propia del área.

◇ *MERCADEO: PROPÓSITO Y PRODUCTOS PRINCIPALES*

Mercadeo es la función encargada de detectar en todo momento las necesidades reales de los clientes y las tendencias del mercado. Para ello, la empresa debe efectuar estudios de mercado, a fin de conocer aspectos tales como: características que debe reunir el producto, su demanda potencial, distribución geográfica de los consumidores y su estratificación. Se determinará el mejor canal de distribución y las características de la competencia.

Mercadeo es la encargada de elaborar la ficha técnica, es decir, el análisis del producto y valorar la importancia que a cada función del mismo le otorga el cliente o usuario final. Ello permitirá orientar la aplicación de la ingeniería del valor y del análisis del valor.

Mercadeo debe establecer un mecanismo de seguimiento y retroalimentación de la información (reportes de seguimiento de productos) sobre la calidad del producto o servicio vendido, la cual debe ser analizada, cotejada, interpretada y comunicada de acuerdo a los procedimientos establecidos por la empresa. Tal información ayudará a determinar la naturaleza y grado de los problemas de los productos o servicios en relación con la experiencia y expectativas del consumidor. En síntesis los productos principales de mercadeo son:

Fichas técnicas de productos.
Estudios de mercadeo.
Reportes de seguimiento de productos.

◇ *INDICADORES DE GESTIÓN*

De Eficacia:
Grado de satisfacción de los clientes internos con los productos de la unidad; entre otros términos: investigación y desarrollo, planificación y preparación de producción, Ventas, dirección general. Detección de nuevos mercados como magnitud de la potencial demanda. Detección de oportunidades para nuevos productos o los ya existentes. Grado de alcance de la información de los clientes actuales y potenciales sobre los productos de la empresa.

De Efectividad:
Cumplimiento en cantidad de fichas técnicas, estudios de mercado y reporte de seguimiento respecto del total (en cada renglón) que debieron realizarse o fueron planificados.

Cumplimiento de la entrega a tiempo de las fichas técnicas, estudios de mercado, y reportes de seguimiento respecto al tiempo comprometido. Porcentaje de devoluciones de sus productos principales por los clientes internos por inconformidad respecto a los atributos exigidos:

> Devoluciones de fichas técnicas.
> Devoluciones de estudios de mercado.
> Devoluciones de reportes de seguimiento.

De Eficiencia:

Retrabajo en: elaboración de fichas técnicas, elaboración de estudios de mercado, elaboración de reportes de seguimiento.

Inventario: porcentaje de fichas técnicas en elaboración, porcentaje de estudios de mercado en elaboración, porcentaje de reportes de seguimiento en elaboración.

Ratio de Operación como porcentaje (relación de tiempo) de operaciones respecto del total de actividades de los procesos de fichas técnicas, estudios de mercado y reportes de seguimiento.

◇ *INVESTIGACIÓN Y DESARROLLO: PROPÓSITO Y PRODUCTOS PRINCIPALES*

La función investigación y desarrollo es responsable del diseño y establecimiento de especificaciones. Para ello, deberá hacer lo necesario con el fin de traducir las necesidades del consumidor contenidas en la lista preliminar de características de calidad (ficha técnica) en normas y requisitos de materiales, procesos y productos terminados. Con esta base se debe desarrollar un producto que satisfaga las necesidades del consumidora un precio acorde con la calidad y con una rentabilidad aceptable para el inversionista.

Adicionalmente, las especificaciones y el diseño deben ser tales que el producto se pueda fabricar, verificar, controlar bajo las condiciones disponibles de instalaciones y producción; los responsables por la función de diseño deben considerar, además, los requisitos relacionados como seguridad, impacto ambiental y otras regulaciones, incluyendo aspectos relativos a las políticas de calidad de la compañía que puedan trascender las regulaciones vigentes. Asimismo, la función de I y D, mediante la aplicación periódica y sistemática de la metodología de análisis del valor, puede incidir en el mejoramiento de los parámetros de calidad y productividad.

Por otro lado, en esta función, también incluimos las labores del área de ingeniería encargada de elaborar la ingeniería de detalle, cuyos planos y especificaciones van al taller de fabricación. Por ello, un buen desempeño de la función de I y D permitirá eliminar los desperdicios y retrabajos producidos por planos o especificaciones con errores o deficiencias. Del mismo modo, toda la información necesaria deberá ser presentada en formatos manejables de acuerdo al nivel de calificación de los trabajadores y supervisores de producción.

Finalmente, la función I y D deberá trabajar intensamente con la función de suministro, a fin de orientar y apoyar el proceso de sustitución de importaciones en la búsqueda de alternativas seguras y estables de provisión, fuente, a su vez, de ahorros para la empresa.

Los principales productos de Investigación y Desarrollo son:

1. *Diseño de productos, planos y especificaciones del proceso de producción.*
2. *Revisión de productos y procesos.*
3. *Consultas técnicas sobre cambio de materiales, situaciones fuera de control en planta, requerimientos especiales de clientes, etc.*
4. *Investigaciones especiales sobre nuevos materiales, procesos y prospectivas tecnológicas.*

◇ INDICADORES DE GESTIÓN

De Eficacia:
Satisfacción de clientes Internos con los productos de la Unidad.
Producto Cliente interno
Diseño de productos (conformidad con fichas técnicas)
Mercadeo
Planes y especificaciones de productos y bocetos.
Consultas técnicas .
Planificación de producción
Producción
Suministros
Producción
Control de calidad
Mercadeo
Ventas.
Investigaciones especiales.
Dirección General.
Planificación Estratégica.
Mercadeo
Porcentaje de patentes propias obtenidas respecto a las utilizadas por la empresa.
Incremento del valor agregado por mejoras en productos, materiales y procesos.

De Efectividad:
Cumplimiento en la cantidad de productos respecto al programado solicitado.
Porcentaje de planos y especificaciones elaboradas/programadas.
Porcentaje de revisiones realizadas/programadas.
Porcentaje de consultas técnicas realizadas/solicitadas.

Concordancia en calidad de productos.
Porcentaje de devoluciones de planos y especificaciones.
Porcentaje de informes sobre consultas técnicas devueltas.
Cumplimiento en la oportunidad.
Retrasos en la entrega de planos y especificaciones.
Retraso en informe sobre consultas respecto a la fecha comprometida.

De Eficiencia:
Retrabajo en:

Elaboración de Informes sobre Inventarios, planos y especificaciones, consultas técnicas.
Porcentaje de planos y especificaciones técnicas en proceso del total del inventario.
Informes de consultas por concluir.

Ratio de Operación:
Porcentaje o tiempo total de actividades (o tiempo) del proceso de elaboración de cada producto. Porcentaje de Avance real de proyectos respecto al programado (en actividades u horas hombres). Planificación y preparación de la producción

◇ PROPÓSITO Y PRODUCTOS PRINCIPALES

La función de planificación y preparación de la producción es la selección, adquisición e instalación o modificación de tecnología, maquinarias y equipos, así como del diseño y cuantificación de los sistemas de producción, control, mantenimiento y seguridad, y de requerimientos de fuerza hombre en base a los puntos de trabajo.

Como se puede inferir, la función planificación y preparación de producción debe ser coordinada por una unidad adhoc especialmente dedicada a las tareas que salen de la rutina del ciclo de producción normal. En la mayoría de las empresas se crean departamentos o gerencias de proyectos y construcción: sin embargo, a la función contribuyen la mayoría de los departamentos staff: ingeniería industrial en el diseño de puestos, métodos, estándares y fuerza hombre; recursos humanos en el diseño de cargos y entrenamiento: control de calidad en el diseño del sistema de calidad; mantenimiento en la elaboración de fichas de equipo y rutinas de mantenimiento; sistemas en el diseño de los sistemas de información.

No obstante la interfuncionalidad antes descrita, las unidades de coordinación de proyectos y construcción tienen bajo su responsabilidad específica la instalación y puesta en marcha de las nuevas plantas y equipos o de su modificación. En tal sentido, sus principales productos son:

Instalación de nuevas plantas, equipos o maquinarias.
Modificación de plantas, equipos o maquinarias existentes.

Los restantes productos que se derivan de la función deben ser asignados a los departamentos contribuyentes como proveedores de la Unidad de Coordinación de Proyectos y Construcción. Es de señalar que la permanencia de este tipo de unidad depende de la dinámica de la empresa, en etapas de crecimiento tienden a ser grandes y de mucha jerarquía y en épocas de estabilización pequeñas y de menor jerarquía concentrando su atención en el segundo tipo de productos.

◇ *INDICADORES DE GESTIÓN*

De Eficacia:

Satisfacción de los clientes internos con los productos y servicios de la unidad. Los clientes son fundamentalmente las gerencias de producción que se encargarán de operar bien las nuevas plantas o los procesos modificados y por tanto de evaluar sus atributos.

Efectividad:

Cumplimiento de la cantidad de productos. Porcentaje de instalaciones y/o equipos puestos en marcha del total programado. Concordancia en calidad. Porcentaje de Rechazos de instalaciones o equipos no conformes con los requerimientos de producción. Cumplimiento en la entrega. Retraso en el tiempo de entrega de equipos e instalaciones respecto al comprometido.

Eficiencia: Retrabajo

Horas hombre del total dedicadas a reinstalar o reajustar instalaciones o equipos no conformes. Avance del Proyecto:Porcentaje de horas o actividades cumplidas respecto al programado en proyectos. Cumplimiento de Presupuesto de instalación y adquisición.

De Eficiencia: Retrabajo

Horas hombre del total dedicadas a reelaborar productos. Horas máquina del total dedicadas a reelaborar productos. Inventarios en procesos. Número de días de producción de inventarios en procesos. Ratio de operaciones. Tiempo de operaciones sobre tiempo total del ciclo. Demoras. Porcentaje de tiempo por demoras operativas del total de tiempo disponible de los equipos. Tiempo de puesta a punto de los principales equipos. Otros desperdicios claves en producción a medir directamente. Desperdicio de materiales. Horas hombre dedicadas a inventario, manejo y transporte de materiales. Porcentaje del espacio dedicado a almacén y transporte.

◇ *VENTAS: Propósitos y productos principales*

Si la función Mercadeo es la encargada de identificar y conceptualizar a los clientes potenciales y sus requerimientos, la función Ventas es la encargada de concretar la relación con el cliente, y hacerle posible el acceso y uso del producto. Ventas es la encargada de establecer los contactos con los clientes, siendo responsable de identificar cabalmente sus requerimientos para plasmarlos adecuadamente en el programa de producción. De esta manera se pueden evitar paradas por rediseños, retrabajos y devoluciones por deficiencia en la comprensión de los requerimientos del cliente.

Asimismo, deben identificarse las condiciones de transporte y entrega de los productos. Ventas es responsable del funcionamiento adecuado de la red de distribución de manera que no se deterioren los productos antes de ser adquiridos por los clientes. Esto es particularmente importante en las industrias de bienes perecederos. Ventas debe realizar la identificación precisa de la demanda (pronóstico), a fin de ayudar a la optimización de los lotes y ritmo de producción, minimizar los inventarios de productos terminados o disminuir el tiempo de anticipo de pedidos y especialmente de concretar los pedidos.

La función Ventas también debe encargarse de velar por los servicios de postventa al cliente, tales como: servicio de garantía, servicios de repuestos, servicios de mantenimiento y asistencia técnica.

Ventas debe apoyar a producción en la identificación de problemas de calidad que confronten los productos y también debe retroalimentar a la función de mercadeo sobre nuevos usos de los productos o nuevos requerimientos de los clientes.

Ventas debe sistematizar la actuación de la competencia, a fin de retroalimentar las políticas de precios y financiamiento, así como las condiciones de empaque, lotes de entrega y servicios de postventa. Ventas debe asegurarse que el cliente conoce el producto y la manera de usarlo, de forma que se eviten descontentos y puedan identificarse actividades pertinentes de educación al usuario. Finalmente ventas es la encargada de orientar y responder (o canalizar) las diversas inquietudes o preguntas que hagan los clientes.

En síntesis, los principales productos de ventas y sus clientes externos o internos son:

Despacho de pedidos de productos o servicios postventa (cliente externo).
Pronóstico de demanda (producción y mercadeo).
Facturas (administración).
Ordenes de Despacho o producción en base a pedidos firmes (producción).
Informe sobre comportamiento de productos (mercadeo).

◇ INDICADORES DE GESTIÓN

De Eficacia:
Satisfacción de clientes externos e internos con los atributos y servicios prestados por la unidad.
1) Externos: Tiempo entre entrega y pedido. Información requerida. Lotes de pedido.

Atención y trato.

2) Internos: Tiempo de entrega. Cantidad de contenido de la información. Atención y trato. Participación en el mercado. Porcentaje de participación. Porcentaje de nuevos clientes. Clientes perdidos.

De Efectividad:

Cumplimiento en cantidad: Ventas reales, ventas estimadas. Porcentaje de productos con pronósticos actualizados.

Concordancia en calidad: Porcentaje de devoluciones de pedidos despachados por equivocaciones en la orden. Porcentaje de devoluciones por producción de pedidos con errores. Porcentaje de facturas con errores debido a ventas.

Cumplimiento con la oportunidad de entrega: Porcentaje de despachos entregados a tiempo. Retraso en la entrega de programas de pedidos firmes. Retraso en la entrega de facturas (o de la información requerida).

De Eficiencia:

Retrabajo
Horas hombre gastadas en reelaboración de órdenes y pedidos.
Horas hombre gastadas en reelaboración de pronósticos de demanda.
Horas hombre gastadas en reelaboración de informes, facturas, etc.

Inventario
Porcentaje de despachos por factura.
Porcentaje de pedidos por confirmar.
Inventarios de productos terminados.

Ratio de operación
Números tiempos de operaciones entre No tiempo total de actividades de los procesos:

> *Conformación de pedidos.*
> *Pronósticos de demanda.*
> *Preparación de facturación.*
> *Suministros*

◇ *PROPÓSITO Y PRODUCTOS PRINCIPALES*

Propósito:

Esta función es la responsable de que se tenga la materia prima, la parte o el repuesto, según la calidad requerida, en el momento oportuno, en el sitio donde se necesita; todo ello al menor costo posible.

Una buena gestión de suministro, debe velar porque no ocurran los contra tiempos e interrupciones en producción debido a la falta de material o las divergencias con la calidad necesitada. Para ello, la gestión de suministro debe empezar por clasificar los diversos ítems que se consumen en función de su importancia. Establecer una política basada en el impacto para la producción global, tomando en cuenta cantidades físicas, monetarias, y la vulnerabilidad que crea la ausencia de un rubro en un momento determinado. Por esto último, cobran sentido las acciones de sustitución de importaciones, las cuales deben concebirse dentro de una perspectiva más amplia: la del desarrollo de proveedores, lo cual implica ahorros y beneficios por concepto de: ahorros asociados a la adquisición y el transporte, y a imprevistos: por acceder a insumos a la «medida» y asistencia técnica especializada por parte del proveedor. Los productos principales de la unidad son:

Requisiciones Atendidas de Materias Primas e Insumos (RAMP).
Requisiciones Atendidas de Maquinarias y Equipos (RAME).
Requisiciones Atendidas de Partes y Repuestos (RAPR).
Requisiciones Atendidas de Bienes y Servicios Misceláneas (RABS).

Es de señalar, que por atendidas entendemos entregadas a los clientes internos de la empresa: producción, mantenimiento, etc.

◇ **INDICADORES DE GESTIÓN**

De Eficacia:
Satisfacción de los clientes internos con los atributos de las requisiciones:
tiempo de anticipación, período de entrega, cantidades mínimas, etc.
Mejoras en los parámetros claves de gestión de suministro:
Reducción en inventarios de materiales. Sustitución de importaciones.
Disminución de materiales no conformes

De Efectividad:
Cumplimiento de cantidad. Porcentaje de ítems o sustitución en escasez de materiales y/o repuestos. Cumplimiento en calidad. Porcentaje devoluciones de ítems (% de reclamos) de Producción, Mantenimiento u otro cliente interno por inconformidad con lo solicitado. Cumplimiento en la entrega. Factor de servicio (solicitudes de materiales y/o repuestos entregados a tiempo).

De Eficiencia:
Requisiciones tramitadas a tiempo respecto del total a tramitar.

Retrabajo:
Porcentaje horas hombre gastadas del total en reelaborar órdenes de compra o devolver pedidos inconformes. Inventario:Días de inventario de materiales y/o repuestos en almacén.

Demoras:
Porcentaje de paradas en la producción por falta de materias primas.
Porcentaje de paradas por mantenimiento debido a falta de repuestos.

Ratio de operación:
Porcentaje de No de operaciones (o tiempo) del total de actividades (o tiempo) de los procesos de adquisición de los diferentes rubros (RAMP, RAME, RAPR, RABS).

Otros desperdicios:
Porcentaje de material deteriorado en almacenes o por mal manejo.
Porcentaje de espacio dedicado a almacén del total de la planta.

◇ MANTENIMIENTO: PROPÓSITO Y PRODUCTOS PRINCIPALES

La función de mantenimiento es la encargada de mantener y mejoiar la Disponibilidad de los equipos y maquinaria de la empresa.

Para ello, deberá diseñar políticas, normas y prácticas de las diversas modalidades del mantenimiento: correctivo, preventivo, predictivo y de mejora con el objeto de ir en dirección del mantenimiento productivo total (cero fallas). Asimismo, la función mantenimiento es la encargada de alargar la vida útil de los equipos y de incorporar modificaciones que redunden en incrementos de la productividad y de la calidad.

Finalmente, el mantenimiento pasa a ser un contribuyente fundamental en el dominio tecnológico. El matenimiento puede y debe ser una pieza angular para diversificar los negocios de la empresa, asumiendo el desarrollo de bienes de capital o sencillamente para el desarrollo de patentes y asistencia técnica a otras empresas; en otras palabras, el mantenimiento puede y debe ser capitalizable. Los productos principales de Mantenimiento son:

Servicios de atención de fallas.
Servicios de mantenimiento preventivo.
Servicios de mantenimiento correctivo.
Modificaciones o mejoras de equipos (rediseño).

◇ INDICADORES DE GESTIÓN

De Eficacia:
Satifacción de los clientes internos: producción, suministros, despacho, etc., con los parámetros o atributos del servicio prestado por mantenimiento. Disponibilidad comprometida. Tiempo de respuestas máxima a soluciones de servicio. Requerimientos de tiempos de parada para Mantenimiento. Atención y trato. Mejora de los parámetros de operación por rediseño de piezas y equipos. Aumento de producción. Incremento de confiabilidad. Mejora en tolerancias.

De Efectividad:

Cumplimiento de cantidad. Porcentaje de Mantenimiento preventivo realizado en relación al programado. Porcentaje de órdenes de trabajo cumplidas o satisfechas. Porcentaje de rediseños realizados respecto del total programado. Cumplimiento de calidad Quejas y reclamos por servicios deficientemente ejecutados. Porcentaje de devoluciones de equipos reparados no conformes. Cumplimiento en la entrega. Porcentaje de órdenes de trabajo realizadas a tiempo. Tiempo de mantenimiento preventivo o de atención de fallas respecto al esperado o comprometido.

De Eficiencia:

Retrabajo:
Porcentaje horas hombre dedicadas del total, a reajustes o reparaciones de equipos ya atendidos.
Inventario:
Porcentaje órdenes de trabajo terminadas no entregadas del total de órdenes recibidas. Porcentaje de órdenes de trabajo en ejecución del total recibido.
Ratio de operaciones:
Porcentaje de No tiempo de operaciones respecto del total de actividades en los principales procesos de mantenimiento o servicios.
Demoras:
Porcentaje de horas hombre perdidas u ociosas por falta de asignación de trabajo.

◇ *Administración y Finanzas: Propósitos y Productos Principales*

Administración y Finanzas tiene como propósito gestionar los recursos financieros en las cantidades y oportunidades requeridas para la buena marcha del ciclo de producción (desde mercadeo hasta suministro), es decir, sin contratiempos. Debe también llevar la contabilidad de la empresa con la finalidad de conocer oportunamente la situación de los costos de los productos, los balances financieros y poder compararlos con los presupuestados.

Igualmente, corresponde a esta unidad la conformación y registro de los pagos a proveedores de bienes y servicios, incluyendo aquellos destinados a la retribución y compensación del recurso humano de la empresa, así como también la cobranza de las facturas emitidas.

Por último corresponde a administración y finanzas el manejo financiero de los excedentes de la empresa y la gestión de préstamos, avales, cartas de crédito, etc., que sean requeridos para la marcha del negocio. Los productos principales de la unidad son:

Registros contables de los estados financieros de la empresa.
Informe sobre los costos de producción y márgenes de productos.
Pagos de proveedores y compromisos de la empresa.

Asesorías en la elaboración de presupuestos de gastos.
Cobro de facturas emitidas.

◇ **I**NDICADORES DE **G**ESTIÓN

De Eficacia:

Satisfacción de los clientes externos e internos de la unidad respecto de los atributos de diseño de los servicios: tiempos de tramitación o entrega, requisitos y papel exigido, trato y atención, contenido y forma de la información presentada. Impacto en Ahorros (o sobre costos) por los servicios prestados. Demora en despacho de proveedores por falta de cancelación de compromisos. Oportunidad de ahorro aprovechada gracias a la información presentada.

De Efectividad:

Cumplimiento en la cantidad:
Porcentaje de Pagos realizados respecto del total a realizar.
Porcentaje de productos con costos de producción y márgenes actualizados.
Porcentaje de facturas cobradas del total a cobrar.

Cumplimiento en cantidad:
Porcentaje de informes contables o páginas de los mismos devueltos, por errores o defectos.
Porcentaje de cheques devueltos por errores.
Porcentaje de productos con costos de producción y márgenes mal calculados.

Cumplimiento en la entrega:
Retraso en la entrega de informes respecto de la fecha comprometida.
Retraso en el pago de proveedores.
Retrasos en los cobros de facturas.

De Eficiencia:

Retrabajo:
Horas hombre dedicadas del total a reajustar o reelaborar informes contables.
Horas hombre dedicadas del total a reelaboración de cheques.

Inventario:
Cuentas por cobrar cobrables no cobradas.
Porcentaje de cheques elaborados no entregados del total.
Efectivo excedente no colocado.

Ratio de operación:
Porcentaje del No tiempo de operación del total de actividades (o tiempo) en los principales procesos de la unidad.

◇ *RECURSOS HUMANOS*

Propósito y productos principales

La misión más o menos genérica de la unidad de recursos humanos o de personal es: diseñar, establecer, controlar y facilitar las políticas, normas y procedimientos en materia de personal, en las siguientes áreas: selección, entrenamiento, clasificación, remuneración, promoción, desarrollo, seguridad, relaciones y comunicaciones.

Por otro lado, la función RR.HH. es responsable de la administración del personal, que incluye pago de nómina, programación de vacaciones, permisos, servicios de salud y todo el proceso que involucra la contratación colectiva y las relaciones con los sindicatos.

Los fundamentales para gerenciar estas actividades deben ser los conceptos de servicios y apoyo, tanto a los gerentes con sus trabajadores, así como a cada uno de estos últimos. Los principales productos de la unidad son:

Selección de personal.
Detección y satisfacción de necesidades de adiestramiento.
Clasificación, evaluación y asesoría en su implantación.
Planes de los recursos humanos requeridos.
Servicios de asistencia al personal: seguros, nómina, salud, permisos, deportes, etc.
Diseño de sistemas de remuneración y asesoría en su implantación.

◇ *INDICADORES DE GESTIÓN*

De Eficacia:
Satisfacción de los clientes internos: con diferentes servicios: contenido, requisitos, trato y atención. Los atributos fijados para los tiempo de ejecución y/o trabajo. Impacto en la moral de la gente de las políticas y sistemas de personal. Ausentismo y rotación del personal. Capacidad del recurso humano respecto de la competencia.

De Efectividad
Cumplimiento en cantidad: Porcentaje de cargos vacantes por falta de reclutamiento y selección. Porcentaje de Adiestramiento impartido respecto al plan previsto. Porcentaje de personal atendido en los servicios del total planificado o previsto. Porcentaje de clasificación o reclasificación realizadas del total solicitado. Cumplimiento en la calidad. Porcentaje de preseleccionados rechazados por el área contratante. Porcentaje de adecuación del adiestramiento impartido a las necesidades del cliente interno. Porcentaje de reclamos y quejas por inadecuada clasificación o remuneración. Porcentaje de reclamos y quejas por pagos mal elaborados. Porcentaje de reclamos y quejas por servicios deficientes: médicos, comedores, transporte, etc.

Cumplimiento en la entrega: Porcentaje (o días) de retraso en tiempo prometido en la selección de personal del total seleccionado. Porcentaje (o días) de retraso en la tramitación de pagos al personal. Porcentaje (o días) de retraso en el programa de adiestramiento. Retraso en la entrega de Informes o planes de recursos humanos.

De Eficiencia

Retrabajo:
Porcentaje horas hombre del total dedicadas a reelaborar o reajustar servicios o productos no conformes.

Ratio de operación:
Porcentaje de operaciones (Numero tiempo) del total de actividades de los principales procesos.

BIBLIOGRAFIA CONSULTADA

-*Guía Norma de Evaluación de Empresa, 1980.*
-*Medición y Análisis de Empresas - Kasukiyo Kurosawa.*
-*El control total de calidad, Kaoura Ishikawa, Norma 1988.*
-*Indicadoras de Calidad en la Empresa - FIM PRODUCTIVIDAD.*

www.ingramcontent.com/pod-product-compliance
Lightning Source LLC
Chambersburg PA
CBHW071122210326
41519CB00020B/6387